2021年中国文旅演艺剧网络传播力报告

The Report of the Network Communication Power of China Culture and Tourism Show
(2021)

肖向荣　武萌　著

联合发布方
北京师范大学艺术与传媒学院
北京师范大学新闻传播学院
北京师范大学艺术科技融合创新中心
北京师范大学新媒体传播研究中心

中国国际广播出版社

图书在版编目（CIP）数据

2021年中国文旅演艺剧网络传播力报告 / 肖向荣，武萌著. —北京：中国国际广播出版社，2022.8
ISBN 978-7-5078-5188-5

Ⅰ. ①2… Ⅱ. ①肖… ②武… Ⅲ. ①舞台演出—网络传播—研究报告—中国—2021 Ⅳ. ①G206.2

中国版本图书馆CIP数据核字（2022）第146414号

2021年中国文旅演艺剧网络传播力报告

著　　者	肖向荣　武　萌
责任编辑	张晓梅
校　　对	张　娜
版式设计	陈学兰
封面设计	赵冰波

出版发行	中国国际广播出版社有限公司〔010-89508207（传真）〕
社　　址	北京市丰台区榴乡路88号石榴中心2号楼1701 邮编：100079
印　　刷	北京九天鸿程印刷有限责任公司

开　　本	710×1000　1/16
字　　数	150千字
印　　张	11
版　　次	2022年9月 北京第一版
印　　次	2022年9月 第一次印刷
定　　价	58.00元

版权所有　盗版必究

项目组成员

- **项目总负责人：** 肖向荣
- **项目指导：** 张洪忠
- **执行负责人：** 武 萌
- **项目组成员：**（按姓氏音序排列）

  陈 肯　戴 纳　韩 秀　韩雨池

  刘 海　刘会珠　罗家成　吕昌盛

  彭 程　王海英　王美力　魏广源

  徐靖雯　杨禹琪　张一潇　郑雨杰
- **数据处理：** 苏世兰

联合发布方：

北京师范大学艺术与传媒学院

北京师范大学新闻传播学院

北京师范大学艺术科技融合创新中心

北京师范大学新媒体传播研究中心

目　录

绪　论 ·· 001

 第一节　研究背景 ·· 001

 第二节　研究方法 ·· 003

  一、数据采集平台与时间 ································ 003

  二、指标与算法 ·· 004

  三、分析对象选择 ·· 006

第一章　文旅演艺剧网络传播力综合评分 ················ 010

第二章　六大平台网络传播力分析 ·························· 014

 第一节　百度资讯平台网络传播力特征分析 ········ 014

  一、百度资讯平台网络传播力指数 ················ 014

  二、百度资讯平台个案分析 ·························· 017

  三、百度资讯平台特征呈现 ·························· 019

 第二节　微博平台网络传播力特征分析 ··············· 021

  一、微博平台网络传播力指数 ······················ 022

二、微博平台个案分析 ·· 024
　　三、微博平台特征呈现 ·· 031

第三节　抖音平台网络传播力特征分析 ··· 036
　　一、抖音平台网络传播力指数 ·· 037
　　二、抖音平台个案分析 ·· 040
　　三、抖音平台特征呈现 ·· 046

第四节　快手平台网络传播力特征分析 ··· 056
　　一、快手平台网络传播力指数 ·· 056
　　二、快手平台个案分析 ·· 057
　　三、快手平台特征呈现 ·· 059

第五节　哔哩哔哩平台网络传播力特征分析 ····································· 062
　　一、哔哩哔哩平台网络传播力指数 ·· 063
　　二、哔哩哔哩平台个案分析 ·· 064
　　三、哔哩哔哩平台特征呈现 ·· 068

第六节　携程旅行平台网络传播力特征分析 ····································· 071
　　一、携程旅行平台网络传播力指数 ·· 072
　　二、携程旅行平台个案分析 ·· 074
　　三、携程旅行平台特征呈现 ·· 077

第三章　结论分析 ·· 082

　　一、排名情况分析 ·· 082
　　二、基于拉斯韦尔5W模型的传播策略分析 ·· 084

附　录 ·· 093

立足艺科交汇新领域　开拓文旅融合新赛道 ················· 093
　　——《2021年中国文旅演艺剧网络传播力报告》会议综述

历史观·精品观·传播观：文艺评价体系视角下优秀文
　　旅演艺剧的评判标准 ·· 102

定性、定位与定向 ··· 114
　　——探寻新时代中国文旅演艺剧的高质量发展之路

时代变迁中的中国文旅演艺剧特征分析 ························ 129

IMC视角下文旅演艺剧网络传播研究 ·························· 145

绪　论

第一节　研究背景

文旅演艺剧是以当地文化或民俗风情为主要题材，以旅游景点为载体，以旅客为服务对象，集歌、舞、剧为一体的艺术表演形式。其运用大量声光电等科技技术手段，作用于景点空间，实现物理与心理双重感官刺激下带来的审美体验。文旅演艺剧旨在弘扬传统文化、民族精神，实现当地"文化"产业化的活态传承，以及"产业"文化化的可持续发展。

文旅演艺剧的雏形自新中国成立以来便已出现。彼时旅游演艺仅作为一种外交手段，以在国内外重要节事会展上的外事接待演出活动为主，少有民间自发或商业性质的"文旅演艺"[①]。而到1978年改革开放以后，随着大众消费水平和文化水平的不断提高，文化旅游逐渐从面向精英群体转至面向大众群体，并将文旅演艺剧输出为文化旅游市场的重要产品。1983年，中国成功加入世界旅游组织（UNWTO），开始引进国际文化旅游市场的先进理念与产业模式，由此将文旅演艺剧推向以专业为导向的萌芽期。2004年，随着《印象·刘三姐》在全国范围内的爆红，我国文旅演艺剧目

---

① 朱立新.中国当代的旅游演艺［J］.社科纵横，2010，25（4）：96-99.

开始快速市场化，进入了以山水实景演出为特色的成长期。随着中国特色社会主义进入新时代，文旅演艺剧也进入成熟期，形成了以文化为导向，以知识产权（Intellectual Property）孵化为基础的产业模式，即从人物IP到剧目IP，再到文旅演艺剧品牌发展的良性循环。

近年来，国家政策推动使得文化产业和旅游产业的融合发展愈来愈深入。早在2009年，原文化部和国家旅游局发布《关于促进文化与旅游结合发展的指导意见》[①]，指出要"高度重视文化与旅游的结合发展，打造文化旅游系列活动品牌和高品质旅游演艺产品"，从国家层面上为文旅演艺剧的开发和支持提出了战略部署。2018年3月，中央将原文化部和国家旅游局合并为文化和旅游部，向全社会提出"统筹文化事业、文化产业发展和旅游资源开发"，为文旅演艺剧的产业集群发展提供了现实依据。次年，文化和旅游部印发了《关于促进旅游演艺发展的指导意见》，首次规定了国内旅游演艺发展的方向，力图通过文旅演艺的转型升级将其作为文旅融合发展的重要载体。2021年6月，文化和旅游部发布《"十四五"文化和旅游发展规划》[②]（简称《规划》），提出要"坚持以文塑旅、以旅彰文，推动文化和旅游深度融合、创新发展，培育文化和旅游融合发展新业态"。在此背景下，文旅演艺剧背靠旅游景区，以游客为受众，运用艺术表演形式和高科技舞台将当地传统文化进行数字化、商业化改造，再以演艺剧形式作为载体输出，让传统文化得以焕活和发展。同时，传统商业旅游在依托人文元素后实现了向人文旅游、文化旅游的转型，使文旅演艺剧真正实现了文化产业化和产业文化化输出的最大值。因此，文旅演艺剧作为文旅

---

① 文化部，国家旅游局.文化部 国家旅游局关于促进文化与旅游结合发展的指导意见[EB/OL].（2009-08-31）.https://zwgk.mct.gov.cn/zfxxgkml/scgl/202012/t20201206_918160.html.
② 中华人民共和国文化和旅游部.文化和旅游部发布《"十四五"文化和旅游发展规划》[EB/OL].（2021-06-04）.http://zwgk.mct.gov.cn/zfxxgkml/zcfg/zcjd/202106/t20210604_925006.html.

结合最有代表性的形式，将成为文旅融合发展背景下产学研关注的重中之重。

随着互联网和数字技术的高速发展，文旅演艺产业传统且单一的大众传播方式正在不断被削弱，新型的网络传播渠道推动了文旅演艺剧良性循环的生产消费模式的发展。2020 年 11 月，文化和旅游部出台的《文化和旅游部关于推动数字文化产业高质量发展的意见》中阐明了文化产业须深入推进"互联网＋演艺"平台，打通"数字化采集—网络化传输—智能化计算"数字链条，培育一批符合互联网特点规律的演艺产品，惠及更多观众，拉长丰富演艺产业链。在此形势下，分析文旅演艺剧的网络传播影响力，有利于提升文旅演艺剧的传播效果和促进可持续发展，推动数字技术下文化和旅游的深度融合。

由此，北京师范大学艺术科技融合创新中心发布的《2021 年中国文旅演艺剧网络传播力报告》将立足于宏观视角，以 2020 年 10 月 1 日至 2021 年 9 月 30 日在全国展演的文旅演艺剧为研究对象，结合大数据挖掘的研究方法，对我国文旅演艺剧进行网络传播力分析，旨在全面了解我国文旅演艺剧在互联网空间的传播现状和传播特点，为我国文旅演艺剧的良性发展提供科学依据。

第二节　研究方法

一、数据采集平台与时间

本研究选择主流新闻媒体、微博、短视频平台、旅行网站进行考察，主要选取百度资讯（简称百度）、新浪微博（简称微博）、抖音、快手、哔哩哔哩（简称 B 站）、携程旅行等六个平台考察文旅演艺剧网络传播力。平台的选择依据为：

百度资讯是 24 小时更新的聚合类资讯服务平台，从众多资讯源中抓取并筛选资讯报道，将最新资讯提供给用户。

新浪微博是国内用户量最大的开放域社交媒体平台，对舆论有一定引导作用。

抖音是由今日头条孵化的音乐创意短视频社交软件，是一个面向全年龄段网友的短视频社交平台。该软件的日活跃用户数量约 6 亿，覆盖了全网近三分之二的网民。

快手是北京快手科技有限公司旗下的产品，是用户记录和分享生活的短视频社区，也是国内活跃度最高的短视频社区之一。

哔哩哔哩为国内领先的年轻人文化社区，该网站于 2009 年 6 月 26 日创建，被粉丝们亲切地称为"B 站"，目前也是众多网络热门词汇的发源地之一。

携程旅行网向全网用户提供包括文旅演艺剧在内的推荐、评价等咨询业务，月活跃用户数超 2 亿，是国内具有代表性的旅行网站。

本报告的数据采集时间为 2021 年 11 月 7 日至 11 月 19 日，对百度资讯、新浪微博、抖音、快手、哔哩哔哩、携程旅行等六个平台进行数据采集。

二、指标与算法

本研究选取百度资讯、抖音、快手、微博、携程旅行、哔哩哔哩等六个平台作为考察维度，按照专家法构建指标体系（见表 0-2-1）。

绪 论

表 0-2-1　各项指标权重

一级指标	二级指标	权重	
百度资讯	正面报道条数	16%	16%
抖音	点赞量	12%	20%
	发文量	8%	
快手	点赞量	8%	12%
	发文量	4%	
微博	微博条数	8%	16%
	阅读量	8%	
携程旅行	正面评论数量	15%	20%
	评分	5%	
哔哩哔哩	点赞量	10%	16%
	发文量	6%	

根据上述指标体系，2021年中国文旅演艺剧网络传播力综合指数具体算法如下：

$$x_j = \frac{\sum_{i=1}^{6} \beta_i y_{ij}}{\max_j \left(\sum_{i=1}^{6} \beta_i y_{ij} \right)} \times 100$$

$x_j \in [0,100]$：文旅演艺剧 j 的网络传播力综合得分；

β_i：任意一级指标的权重，$i=1,2,3,4,5,6$；

$y_{1j} = \frac{z_{1j}}{\max_j(z_{1j})} \times 100$：文旅演艺剧 j 在百度资讯上的网络传播力得分，其中 z_{1j}^k 是文旅演艺剧 j 在百度资讯上的数值；

$y_{2j} = \sum_{k=1}^{2} \alpha_{2k} \left(\frac{z_{2j}^k}{\max_j(z_{2j}^k)} \times 100 \right)$：文旅演艺剧 j 在抖音上的网络传播力得分，其中 z_{2j}^k 是文旅演艺剧 j 在抖音任意二级指标上的数值，α_{2k} 为一级指标抖音下任意二级指标的权重，$k=1,2$；

$$y_{3j} = \sum_{k=1}^{2} \alpha_{3k} \left(\frac{z_{3j}^{k}}{\max_{j}(z_{3j}^{k})} \times 100 \right)$$：文旅演艺剧 j 在快手上的网络传播力得分，其中 z_{3j}^{k} 是文旅演艺剧 j 在快手任意二级指标上的数值，α_{3k} 为一级指标快手下任意二级指标的权重，$k=1,2$；

$$y_{4j} = \sum_{k=1}^{2} \alpha_{4k} \left(\frac{z_{4j}^{k}}{\max_{j}(z_{4j}^{k})} \times 100 \right)$$：文旅演艺剧 j 在微博上的网络传播力得分，其中 z_{4j}^{k} 是文旅演艺剧 j 在微博任意二级指标上的数值，α_{4k} 为一级指标微博下任意二级指标的权重，$k=1,2$；

$$y_{5j} = \sum_{k=1}^{2} \alpha_{5k} \left(\frac{z_{5j}^{k}}{\max_{j}(z_{5j}^{k})} \times 100 \right)$$：文旅演艺剧 j 在携程旅行上的网络传播力得分，其中 z_{5j}^{k} 是文旅演艺剧 j 在携程旅行任意二级指标上的数值，α_{5k} 为一级指标携程旅行下任意二级指标的权重，$k=1,2$；

$$y_{6j} = \sum_{k=1}^{2} \alpha_{6k} \left(\frac{z_{6j}^{k}}{\max_{j}(z_{6j}^{k})} \times 100 \right)$$：文旅演艺剧 j 在哔哩哔哩上的网络传播力得分，其中 z_{6j}^{k} 是文旅演艺剧 j 在哔哩哔哩任意二级指标上的数值，α_{6k} 为一级指标哔哩哔哩下任意二级指标的权重，$k=1,2$。

（注：微博和携程旅行的数值是通过抽样检测的方法，在总量中筛除了负面数据的结果）

三、分析对象选择

依据文旅演艺剧产业的发展规律，本报告对 2020 年 10 月 1 日至 2021 年 9 月 30 日在中国内地演出的文旅演艺剧按旅游导向、文化导向、品牌 IP 导向三个维度进行了选取。

其中，"旅游导向"强调以文带旅，选取了能促进景点中文化可持续发展的文旅演艺剧类型，包括依托国家 4A 级、5A 级景区的山水实景演艺剧以及景区内的独立剧场演艺剧；"文化导向"强调文化的动态传承与发展，选取了以旅游为文化载体的文旅演艺剧类型，包括依托商业文化主题公园以及城市公共公园的演艺剧；而"品牌 IP 导向"则强调由文旅演艺公司或集团用标准产业化模式打造的文旅演艺剧类型，包括"印象"系列、"千古情"系列、"又见"系列以及"梦回"系列。

根据以上选取依据，本次报告共选取了 26 个省市的 144 部文旅演艺剧（见表 0-2-2）。

表 0-2-2 2020 年 10 月 1 日至 2021 年 9 月 30 日入选文旅演艺剧名单

序号	地点	剧目名称	序号	地点	剧目名称
1	天津	《天下·盘山》	18	河北	《飞马滹沱》
2	天津	《盘山北少林》	19	河南	《禅宗少林·音乐大典》
3	天津	《北洋歇洛克》	20	河南	《大宋·东京梦华》
4	上海	《天幕水极》	21	河南	《只有河南·戏剧幻城》
5	广东	《原乡》	22	重庆	《十八梯龙门阵》
6	广东	《千灯谣》	23	重庆	《印象·武隆》
7	广东	《相约佛山》	24	重庆	《归来三峡》
8	河北	《鼎盛王朝·康熙大典》	25	重庆	《巫山神女》
9	河北	《火秀》	26	重庆	《欢天喜地洪崖洞》
10	河北	《正定记忆》	27	江苏	《大地》
11	河北	《千古一帝·始皇东巡》	28	江苏	《天仙缘》
12	河北	《浪淘沙·北戴河》	29	江苏	《金陵寻梦·夜瞻园》
13	河北	《那年芳华》	30	江苏	《寻梦山塘》
14	河北	《滹沱河畔》	31	江苏	《如梦上塘》
15	河北	《忆·真定》	32	江苏	《梦回西楚王朝·千年之恋》
16	河北	《滹沱古今·一念幽兰》	33	江苏	《红楼梦》
17	河北	《白鹿缘泉》	34	江苏	《烟雨春秋》

续表

序号	地点	剧目名称	序号	地点	剧目名称
35	江苏	《只有爱·戏剧幻城》	63	山西	《再回相府》
36	江苏	《南京喜事》	64	山西	《如梦碛口》
37	江苏	《太湖传奇》	65	山西	《太行山上》
38	江苏	《美丽新世界》	66	山西	《又见平遥》
39	湖南	《天门狐仙·新刘海砍樵》	67	山西	《又见五台山》
40	湖南	《桃花源记》	68	甘肃	《张国臂掖》
41	湖南	《遇见大庸》	69	甘肃	《问道崆峒》
42	湖南	《中国出了个毛泽东》	70	甘肃	《天下雄关》
43	湖南	《钟鸣楚天》	71	甘肃	《回道张掖》
44	湖南	《烟雨凤凰》	72	甘肃	《又见敦煌》
45	湖南	《张家界千古情》	73	广西	《印象·刘三姐》
46	湖南	《炭河千古情》	74	广西	《夜话柳江》
47	福建	《印象·大红袍》	75	广西	《坐妹》
48	福建	《梦境九龙潭》	76	广西	《漓水古越》
49	陕西	《长恨歌》	77	广西	《梦幻北部湾》
50	陕西	《大唐追梦》	78	广西	《寻根黄姚》
51	陕西	《黄河大合唱》	79	广西	《羽人梦》
52	陕西	《天汉传奇》	80	广西	《花山》
53	陕西	《红色娘子军》	81	云南	《印象·丽江》
54	陕西	《武则天》	82	云南	《丽水金沙》
55	陕西	《二虎守长安》	83	云南	《云南印象》
56	陕西	《驼铃传奇》	84	云南	《希夷之大理》
57	陕西	《阿房宫赋》	85	云南	《丽江千古情》
58	陕西	《西安千古情》	86	云南	《幻境2099》
59	西藏	《文成公主》	87	浙江	《塘河夜画》
60	西藏	《金城公主》	88	浙江	《江清月近人》
61	山西	《灯赞五台山》	89	浙江	《阆苑仙境》
62	山西	《如梦晋阳》	90	浙江	《火烧圆明园》

绪　论

续表

序号	地点	剧目名称	序号	地点	剧目名称
91	浙江	《春江花月夜》	118	江西	《浮瑶映月》
92	浙江	《最忆是杭州》	119	江西	《寻梦滕王阁》
93	浙江	《印象·西湖》	120	江西	《寻梦牡丹亭》
94	浙江	《印象·普陀》	121	江西	《井冈山》
95	浙江	《宋城千古情》	122	江西	《遇见武宁》
96	四川	《道解都江堰》	123	江西	china
97	四川	《美人谷》	124	江西	《寻梦龙虎山》
98	四川	《只有峨眉山·戏剧幻城》	125	江西	《天下三清》
99	四川	《传说五凤溪》	126	新疆	《昆仑之约》
100	四川	《红色记忆·梦幻湟龙》	127	新疆	《神游楼兰》
101	四川	《功夫峨眉》	128	新疆	《楼兰大迁徙》
102	四川	《今时今日安仁》	129	新疆	《爱在达瓦昆》
103	四川	《飞夺泸定桥》	130	贵州	《遵道行义》
104	四川	《九寨千古情》	131	贵州	《西江盛典》
105	山东	《中华泰山·封禅大典》	132	贵州	《阿依朵》
106	山东	《金山佛谕》	133	贵州	《萨玛》
107	山东	《好汉山东》	134	贵州	《龙乡水里·贵秀》
108	山东	《蓝色畅想》	135	宁夏	《黄河谣》
109	山东	《神游华夏》	136	宁夏	《沙坡头盛典》
110	山东	《曹州吟》	137	安徽	《天仙配新传》
111	内蒙古	《天骄·成吉思汗》	138	安徽	《宏村阿菊》
112	内蒙古	《契丹王朝》	139	安徽	《印象·九华》
113	内蒙古	《蒙古马》	140	湖北	《知音号》
114	内蒙古	《布衣郡守》	141	湖北	《太极传奇》
115	内蒙古	《千古马颂》	142	湖北	《草庐诸葛》
116	江西	《梦里老家》	143	湖北	《寻梦大汉·汉颂》
117	江西	《游园今梦》	144	海南	《三亚千古情》

第一章　文旅演艺剧网络传播力综合评分

本研究整理了我国 144 部文旅演艺剧在百度资讯、新浪微博、抖音、快手、哔哩哔哩、携程旅行等六个平台中的数据，通过综合模型计算分析得出文旅演艺剧网络传播力综合得分与排名（见表 1-1）。

在入选的文旅演艺剧中，网络传播力最高的前 10 名的剧目依次是《只有爱·戏剧幻城》《丽江千古情》《只有河南·戏剧幻城》《印象·刘三姐》《知音号》《三亚千古情》《宋城千古情》《又见敦煌》《又见平遥》《驼铃传奇》。

表 1-1　2021 年中国文旅演艺剧网络传播力综合得分与排名

排名	名称	综合得分	排名	名称	综合得分
1	《只有爱·戏剧幻城》	100.00	9	《又见平遥》	67.47
2	《丽江千古情》	95.12	10	《驼铃传奇》	63.74
3	《只有河南·戏剧幻城》	94.15	11	《梦里老家》	59.14
4	《印象·刘三姐》	91.63	12	《长恨歌》	57.64
5	《知音号》	91.45	13	《印象·大红袍》	57.50
6	《三亚千古情》	89.52	14	《沙坡头盛典》	56.03
7	《宋城千古情》	70.98	15	《印象·丽江》	55.86
8	《又见敦煌》	68.33	16	《只有峨眉山·戏剧幻城》	54.73

续表

排名	名称	综合得分	排名	名称	综合得分
17	《归来三峡》	53.20	44	《再回相府》	34.38
18	《张家界千古情》	53.13	45	《大唐追梦》	32.56
19	《大宋·东京梦华》	53.02	46	《天门狐仙·新刘海砍樵》	32.19
20	《寻梦牡丹亭》	51.04	47	《宏村阿菊》	30.31
21	《寻梦滕王阁》	50.88	48	《天下雄关》	29.45
22	《文成公主》	50.61	49	《天幕水极》	29.29
23	《西安千古情》	49.93	50	《印象·西湖》	27.31
24	《中华泰山·封禅大典》	49.78	51	《桃花源记》	26.83
25	《西江盛典》	47.64	52	《天汉传奇》	26.08
26	《禅宗少林·音乐大典》	46.83	53	《千古马颂》	26.00
27	《天仙配新传》	45.61	54	《草庐诸葛》	25.76
28	《鼎盛王朝·康熙大典》	45.46	55	《武则天》	25.46
29	《花山》	44.71	56	《原乡》	25.15
30	《最忆是杭州》	44.41	57	《幻境2099》	25.02
31	《今时今日安仁》	44.25	58	《坐妹》	24.86
32	《印象·武隆》	42.75	59	《太行山上》	24.47
33	《回道张掖》	42.60	60	《金山佛谕》	24.41
34	《九寨千古情》	41.30	61	《问道崆峒》	23.48
35	《炭河千古情》	40.03	62	《天下·盘山》	22.59
36	《印象·普陀》	39.75	63	《夜话柳江》	22.01
37	《南京喜事》	39.46	64	《金城公主》	21.63
38	《寻梦龙虎山》	39.36	65	《希夷之大理》	21.52
39	《昆仑之约》	38.45	66	《道解都江堰》	20.79
40	《又见五台山》	38.40	67	《如梦碛口》	20.33
41	《丽水金沙》	36.55	68	《江清月近人》	19.77
42	《巫山神女》	36.47	69	《塘河夜画》	17.97
43	《如梦晋阳》	34.98	70	《寻梦大汉·汉颂》	17.17

续表

排名	名称	综合得分	排名	名称	综合得分
71	《寻根黄姚》	16.38	97	《漓水古越》	9.02
72	《寻梦山塘》	15.74	98	《蒙古马》	8.87
73	《遇见大庸》	15.74	99	《相约佛山》	8.80
74	《二虎守长安》	15.40	100	《太极传奇》	8.19
75	《契丹王朝》	15.02	101	《张国臂掖》	7.37
76	《正定记忆》	14.97	102	《火烧圆明园》	7.09
77	《云南印象》	14.89	103	《神游华夏》	6.92
78	china	14.78	104	《黄河谣》	6.85
79	《天下三清》	14.00	105	《烟雨凤凰》	6.46
80	《功夫峨眉》	13.96	106	《游园今梦》	5.95
81	《如梦上塘》	13.74	107	《梦幻北部湾》	5.71
82	《天仙缘》	13.20	108	《钟鸣楚天》	4.99
83	《滹沱河畔》	13.00	109	《浮瑶映月》	4.56
84	《阆苑仙境》	12.42	110	《布衣郡守》	4.53
85	《那年芳华》	12.24	111	《传说五凤溪》	4.05
86	《飞马滹沱》	11.87	112	《梦境九龙潭》	3.95
87	《黄河大合唱》	11.27	113	《十八梯龙门阵》	3.37
88	《烟雨春秋》	10.54	114	《好汉山东》	3.36
89	《遇见武宁》	10.44	115	《中国出了个毛泽东》	3.02
90	《曹州吟》	10.39	116	《红色娘子军》	2.93
91	《火秀》	10.30	117	《太湖传奇》	2.88
92	《梦回西楚王朝·千年之恋》	10.05	118	《金陵寻梦·夜瞻园》	2.87
93	《春江花月夜》	9.89	119	《北洋歇洛克》	2.64
94	《浪淘沙·北戴河》	9.83	120	《爱在达瓦昆》	2.60
95	《龙乡水里·贵秀》	9.58	121	《欢天喜地洪崖洞》	2.33
96	《红楼梦》	9.57	122	《阿依朵》	2.27

续表

排名	名称	综合得分	排名	名称	综合得分
123	《阿房宫赋》	2.25	134		
124	《千灯谣》	2.00	135		
125	《天骄·成吉思汗》	1.86	136		
126	《美人谷》	1.83	137		
127	《神游楼兰》	1.68	138		
128	《遵道行义》	1.63	139		
129	《白鹿缘泉》	1.48	140		
130	《盘山北少林》	1.48	141		
131	《飞夺泸定桥》	1.37	142		
132	《美丽新世界》	1.06	143		
133	《忆·真定》	1.05	144		

注：综合得分1.00以下文旅演艺剧不予显示

第二章 六大平台网络传播力分析

第一节 百度资讯平台网络传播力特征分析

本研究在百度资讯搜索框内进行搜索,通过输入"演艺剧名称+剧"的方式对入选文旅演艺剧进行检索,统计截至 2021 年 11 月 7 日的全部相关信息条数,最后通过算法计算出文旅演艺剧在百度资讯平台上的网络传播力指数。

一、百度资讯平台网络传播力指数

百度资讯平台上的网络传播力指数(见表 2-1-1)最高的 10 部文旅演艺剧依次是:《知音号》《沙坡头盛典》《今时今日安仁》《天仙配新传》《只有爱·戏剧幻城》《寻梦滕王阁》《西江盛典》《印象·刘三姐》《中华泰山·封禅大典》《回道张掖》。

表 2-1-1 文旅演艺剧在百度资讯平台上的网络传播力指数

地点	名称	传播力指数	地点	名称	传播力指数
湖北	《知音号》	100.00	安徽	《天仙配新传》	67.05
宁夏	《沙坡头盛典》	97.70	江苏	《只有爱·戏剧幻城》	66.67
四川	《今时今日安仁》	74.71	江西	《寻梦滕王阁》	57.09

续表

地点	名称	传播力指数	地点	名称	传播力指数
贵州	《西江盛典》	56.90	山西	《又见五台山》	22.61
广西	《印象·刘三姐》	54.79	广东	《原乡》	21.84
山东	《中华泰山·封禅大典》	53.83	湖南	《桃花源记》	21.65
甘肃	《回道张掖》	49.81	山东	《曹州吟》	19.73
广西	《夜话柳江》	43.10	河南	《禅宗少林·音乐大典》	19.54
湖北	《寻梦大汉·汉颂》	42.34	云南	《幻境2099》	19.54
重庆	《归来三峡》	36.97	西藏	《文成公主》	18.39
山东	《金山佛谕》	33.72	西藏	《金城公主》	18.20
广西	《花山》	32.76	安徽	《宏村阿菊》	17.62
江西	《寻梦牡丹亭》	32.38	甘肃	《又见敦煌》	17.24
四川	《只有峨眉山·戏剧幻城》	31.99	江苏	《红楼梦》	16.86
湖南	《张家界千古情》	27.20	湖南	《天门狐仙·新刘海砍樵》	16.86
新疆	《昆仑之约》	27.01	湖北	《草庐诸葛》	15.71
陕西	《大唐追梦》	25.86	贵州	《龙乡水里·贵秀》	15.33
河北	《正定记忆》	25.29	广西	《梦幻北部湾》	14.94
江苏	《南京喜事》	25.29	湖南	《烟雨凤凰》	14.75
河北	《鼎盛王朝·康熙大典》	24.52	云南	《印象·丽江》	14.56
福建	《印象·大红袍》	24.52	甘肃	《张国臂掖》	14.37
湖南	《遇见大庸》	23.75	河南	《大宋·东京梦华》	13.79
陕西	《驼铃传奇》	22.99	河北	《飞马滹沱》	13.41
甘肃	《问道崆峒》	22.99	重庆	《巫山神女》	12.64
云南	《希夷之大理》	22.99	浙江	《最忆是杭州》	12.45

续表

地点	名称	传播力指数	地点	名称	传播力指数
浙江	《印象·西湖》	12.45	江苏	《寻梦山塘》	6.32
湖北	《钟鸣楚天》	12.45	江西	《游园今梦》	6.32
浙江	《印象·普陀》	12.07	天津	《天下·盘山》	6.13
山西	《如梦碛口》	11.49	贵州	《阿依朵》	5.94
江西	《寻梦龙虎山》	11.30	广西	《寻根黄姚》	5.75
内蒙古	《蒙古马》	10.54	江苏	《太湖传奇》	5.56
内蒙古	《布衣郡守》	10.54	湖南	《中国出了个毛泽东》	5.56
陕西	《天汉传奇》	10.34	重庆	《印象·武隆》	5.17
山西	《再回相府》	10.34	陕西	《黄河大合唱》	4.98
四川	《传说五凤溪》	10.34	陕西	《西安千古情》	4.98
江苏	《梦回西楚王朝·千年之恋》	9.96	山西	《又见平遥》	4.98
四川	《道解都江堰》	9.96	内蒙古	《千古马颂》	4.98
云南	《丽江千古情》	9.58	陕西	《红色娘子军》	4.79
甘肃	《天下雄关》	9.00	四川	《功夫峨眉》	4.79
山西	《如梦晋阳》	8.62	内蒙古	《天骄·成吉思汗》	4.79
江西	《天下三清》	8.62	湖北	《太极传奇》	4.60
江西	《梦里老家》	8.24	新疆	《神游楼兰》	4.41
重庆	《十八梯龙门阵》	8.05	江苏	《天仙缘》	4.21
河南	《只有河南·戏剧幻城》	7.85	陕西	《二虎守长安》	4.21
内蒙古	《契丹王朝》	7.85	重庆	《欢天喜地洪崖洞》	4.02
江西	《浮瑶映月》	7.85	上海	《天幕水极》	3.83
浙江	《阆苑仙境》	7.66	湖南	《炭河千古情》	3.83
云南	《丽水金沙》	7.47	浙江	《江清月近人》	3.83
山东	《好汉山东》	7.47	贵州	《遵道行义》	3.83
江苏	《如梦上塘》	7.09	广东	《千灯谣》	3.64

续表

地点	名称	传播力指数	地点	名称	传播力指数
江苏	《金陵寻梦·夜瞻园》	3.64	浙江	《塘河夜画》	2.30
河北	《那年芳华》	3.26	天津	《盘山北少林》	2.11
河北	《白鹿缘泉》	3.26	海南	《三亚千古情》	2.11
陕西	《阿房宫赋》	3.26	四川	《红色记忆·梦幻湟龙》	1.92
新疆	《爱在达瓦昆》	3.26	贵州	《萨玛》	1.92
浙江	《宋城千古情》	3.07	广东	《相约佛山》	1.72
四川	《美人谷》	3.07	江苏	《烟雨春秋》	1.72
福建	《梦境九龙潭》	2.87	山西	《灯赞五台山》	1.72
四川	《九寨千古情》	2.87	山西	《太行山上》	1.72
河北	《滹沱河畔》	2.68	安徽	《印象·九华》	1.72
四川	《飞夺泸定桥》	2.68	广西	《漓水古越》	1.53
江西	《遇见武宁》	2.68	浙江	《火烧圆明园》	1.53
河北	《浪淘沙·北戴河》	2.49	江西	《井冈山》	1.34
河北	《忆·真定》	2.49	天津	《北洋歇洛克》	1.15
广西	《坐妹》	2.49	陕西	《长恨歌》	1.15

注：传播力指数1.00以下文旅演艺剧不予显示

二、百度资讯平台个案分析

《只有峨眉山·戏剧幻城》为著名导演王潮歌"只有"系列中的一个子作品，在所有剧目中百度资讯传播力排名第17，在本研究传播力总榜中排名第16，总体排名情况较好。

1. 与同系列产品绑定宣传

导演王潮歌"只有"系列演出包括《只有峨眉山·戏剧幻城》《只有河南·戏剧幻城》《只有爱·戏剧幻城》等作品。在百度资讯平台上，《只有峨眉山·戏剧幻城》与王潮歌导演的不同系列作品关联宣传。

2. 与知名导演团队绑定宣传

作为文旅演艺剧的著名导演，王潮歌是《只有峨眉山·戏剧幻城》宣传的重点对象。剧目官方平台、自媒体等对《只有峨眉山·戏剧幻城》的宣传包括创作理念、作品风格等内容。王潮歌本人的"自带流量"也在一定程度上提升了该剧目在百度资讯上的整体宣传效果。

3. 与剧目核心内容绑定宣传

导演王潮歌介绍，《只有峨眉山·戏剧幻城》分别在云之上、云之中、云之下三个场景中演出。其中，"云之上"场景力图打造峨眉山金顶氛围感；"云之中"场景则通过景观打造漫步云朵之间的穿行感受；"云之下"场景则由自然旧村落改造而成。《只有峨眉山·戏剧幻城》在百度资讯平台上的相关宣传注重融合乡村、自然等因素，能够较好地吸引潜在观众。

4. 重视搭建官方宣传平台

文旅演艺剧《只有峨眉山·戏剧幻城》设立了自己的宣传官网（见图2-1-1）。在官网主页上，剧目团队进行了简单介绍。官网设置了首页、演艺介绍、走进剧场、在线订票、周边推荐、新闻中心等板块。

图 2-1-1 《只有峨眉山·戏剧幻城》官网截图

三、百度资讯平台特征呈现

1. 中西部地区文旅演艺剧目表现较突出

在百度资讯平台文旅演艺剧传播力榜单中，排名前 20 的文旅演艺剧中有 18 部曾在中西部城市进行展演。排名前三的文旅演艺剧依次是出自湖北的《知音号》（见图 2-1-2）、出自宁夏的《沙坡头盛典》以及出自四川的《今时今日安仁》。同时，在排名前 20 名的剧目中，三部出自广西壮族自治区，其他剧目则分别出自 13 个省级行政单位。整体来看，本次研究涉及的 144 部文旅演艺剧中，中西部地区文旅演艺剧传播力相对较高。中西部地区丰富的地理环境和社会人文特征为该地区文旅演艺剧提供了创作素材和条件。例如，新疆文旅演艺剧《神游楼兰》利用了当地的沙漠实景完成演出；贵州文旅演艺剧《西江盛典》利用当地苗族聚集特色进行演出等。

图 2-1-2　百度资讯上传播力榜首的文旅演艺剧《知音号》剧照

2. 不同剧目的传播力指数差异较大

百度资讯平台不同剧目的传播力指数排名结果（见图 2-1-3）显示，榜首剧目《知音号》传播力指数为 100.00。除两部剧目按既定搜索方法检索不到信息外，传播力排名最低的两部剧目传播力指数约为 0.19，与榜首剧目《知音号》差值为 99.81，达到 525 倍。同时，传播力榜单中位数约为 7.57，平均数约为 13.97。可以发现，过半剧目传播力指数不足榜首剧目的十分之一。不仅如此，98 个文旅演艺剧目传播力指数未达到 13.97 的平均值，反映出文旅演艺剧目传播力强弱分化明显。

从整体来看，传播力指数高的文旅演艺剧目数量极少。这一特征反映出只有少部分剧目在百度资讯平台上被广泛宣传，而大部分剧目很少有被关注的机会。基于此，平台方和文旅演艺剧行业可采取措施助推更多文旅演艺剧目得到曝光，鼓励更多从业者坚持生产内容，从而提升行业活力。

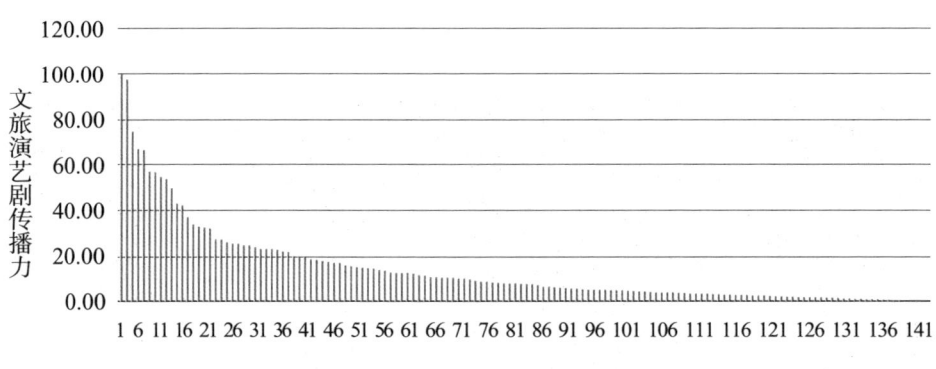

图 2-1-3 文旅演艺剧剧目排名与传播力趋向图

3. 通稿式报道冗余繁复，内容同质化现象较为突出

百度资讯平台上关于文旅演艺剧的报道中，内容同质化现象严重，具体体现在"一稿多发"、重复报道等方面。对于同一剧目，标题、摘要、报道角度等新闻要素往往相似度极高。不同剧目对比，大部分报道也遵循了如"剧目特色+剧目名称"等惯用报道模式。一些媒体重视"数量"、忽略

"质量",轻微修改官方通稿,甚至直接转发相关报道,造成同质化信息较多,加大了受众个性化信息的筛选难度。尤其是在如《只有爱·戏剧幻城》《寻梦滕王阁》等具有一定传播力的文旅演艺剧中,报道同质化现象更为突出(见图 2-1-4)。对于此现象,可以采取的措施包括适当披露更多剧目素材,丰富可供选择的报道内容、及时关注受众反馈,以调整报道重心等。

图 2-1-4 《只有爱·戏剧幻城》部分同质化报道截图

第二节 微博平台网络传播力特征分析

微博(特指新浪微博)是基于用户关系并通过关注机制分享简短实时信息的社交媒体,作为基于用户间社交关系形成的互动平台,微博具有直接性、即时性、互动性特征,用户可以直接点赞、评论、转发感兴趣的博文(在博主不设特殊权限的情况下),话题标签(tag)可以聚集具有相同兴趣的用户群体,集中讨论,增加相关话题的热度。

本报告在新浪微博搜索框内进行搜索,输入文旅演艺剧剧名作为搜索关键词，对微博平台截至 2021 年 11 月 7 日的所有文旅演艺剧相关内容进行检索，统计文旅演艺剧综合搜索结果和负面微博条数，以及各个话题的阅读量、讨论量和微博条数，最后通过算法计算出文旅演艺剧微博平台网络传播力指数。

一、微博平台网络传播力指数

在入选的文旅演艺剧中，在微博平台上的网络传播力指数（见表 2-2-1）最高的 10 部剧依次是：《只有爱·戏剧幻城》、《又见敦煌》、《知音号》、《只有峨眉山·戏剧幻城》、《长恨歌》、《寻梦龙虎山》、china、《巫山神女》、《宋城千古情》、《大宋·东京梦华》。

表 2-2-1　文旅演艺剧在微博平台上的网络传播力指数

地点	剧名	传播力指数	地点	剧名	传播力指数
江苏	《只有爱·戏剧幻城》	71.20	云南	《丽江千古情》	34.65
甘肃	《又见敦煌》	51.90	陕西	《武则天》	34.11
湖北	《知音号》	47.19	云南	《云南印象》	32.95
四川	《只有峨眉山·戏剧幻城》	46.66	河南	《只有河南·戏剧幻城》	32.90
陕西	《长恨歌》	42.77	江西	《寻梦牡丹亭》	32.54
江西	《寻梦龙虎山》	40.16	广西	《花山》	32.48
江西	china	37.75	海南	《三亚千古情》	32.48
重庆	《巫山神女》	37.66	山西	《又见平遥》	32.36
浙江	《宋城千古情》	36.39	浙江	《印象·普陀》	31.50
河南	《大宋·东京梦华》	36.23	陕西	《西安千古情》	31.44
甘肃	《问道崆峒》	36.02	山西	《又见五台山》	30.84
江西	《梦里老家》	35.29	云南	《丽水金沙》	30.29
广西	《印象·刘三姐》	34.87	河北	《滹沱河畔》	29.85

续表

地点	剧名	传播力指数	地点	剧名	传播力指数
浙江	《印象·西湖》	29.36	内蒙古	《千古马颂》	21.00
陕西	《驼铃传奇》	29.26	上海	《天幕水极》	20.22
重庆	《印象·武隆》	29.24	云南	《印象·丽江》	20.08
四川	《九寨千古情》	28.80	河北	《浪淘沙·北戴河》	19.55
江苏	《南京喜事》	28.77	天津	《天下·盘山》	19.38
湖南	《张家界千古情》	27.66	山西	《如梦晋阳》	18.12
甘肃	《天下雄关》	27.40	湖南	《桃花源记》	17.16
广西	《坐妹》	26.78	四川	《道解都江堰》	16.85
河北	《火秀》	25.98	湖北	《太极传奇》	16.84
西藏	《文成公主》	25.92	宁夏	《黄河谣》	16.28
江苏	《烟雨春秋》	25.86	江西	《寻梦滕王阁》	15.76
湖南	《炭河千古情》	25.49	陕西	《天汉传奇》	15.26
福建	《印象·大红袍》	25.44	山东	《中华泰山·封禅大典》	15.08
浙江	《最忆是杭州》	25.40	浙江	《江清月近人》	14.82
山西	《太行山上》	25.37	山东	《神游华夏》	14.22
浙江	《春江花月夜》	24.75	河北	《鼎盛王朝·康熙大典》	14.14
陕西	《大唐追梦》	24.72	湖南	《天门狐仙·新刘海砍樵》	11.64
江苏	《天仙缘》	24.34	新疆	《昆仑之约》	11.07
安徽	《宏村阿菊》	24.16	甘肃	《回道张掖》	10.12
重庆	《归来三峡》	23.61	河北	《正定记忆》	9.93
湖北	《草庐诸葛》	22.87	贵州	《西江盛典》	9.44
陕西	《二虎守长安》	21.52	山西	《再回相府》	9.25
河南	《禅宗少林·音乐大典》	21.50	四川	《今时今日安仁》	8.30
河北	《那年芳华》	21.47	江西	《游园今梦》	8.15
广东	《相约佛山》	21.02	云南	《希夷之大理》	7.72

续表

地点	剧名	传播力指数	地点	剧名	传播力指数
广东	《原乡》	7.66	陕西	《黄河大合唱》	2.27
浙江	《塘河夜画》	7.40	江苏	《红楼梦》	2.21
安徽	《天仙配新传》	7.11	江苏	《梦回西楚王朝·千年之恋》	2.19
宁夏	《沙坡头盛典》	6.20	广西	《夜话柳江》	2.03
江苏	《寻梦山塘》	4.29	山西	《如梦碛口》	2.02
云南	《幻境2099》	3.64	山东	《金山佛谕》	1.90
天津	《北洋歇洛克》	3.49	湖南	《中国出了个毛泽东》	1.90
广西	《寻根黄姚》	3.44	陕西	《红色娘子军》	1.90
陕西	《阿房宫赋》	2.63	江苏	《金陵寻梦·夜瞻园》	1.78
江苏	《美丽新世界》	2.57	山东	《曹州吟》	1.23
江苏	《如梦上塘》	2.40	江苏	《太湖传奇》	1.04
西藏	《金城公主》	2.35			

注：传播力指数1.00以下文旅演艺剧不予显示

二、微博平台个案分析

1.《只有爱·戏剧幻城》

《只有爱·戏剧幻城》在全平台的综合统计中排名第一，在微博平台的热度排名第一，有效微博话题包括#只有爱戏剧幻城#，阅读量高达3.4亿，#只有爱戏剧幻城首演#话题阅读量超1000万，#周深只有爱戏剧幻城#阅读量超310万。

（1）著名歌手演唱主题曲，提升文旅演艺剧传播力。

周深演唱的《只有爱·戏剧幻城》主题歌《毒药》《只有爱》给文旅演艺剧带来较大影响力（见图2-2-1）。微博话题#周深只有爱戏剧幻城#

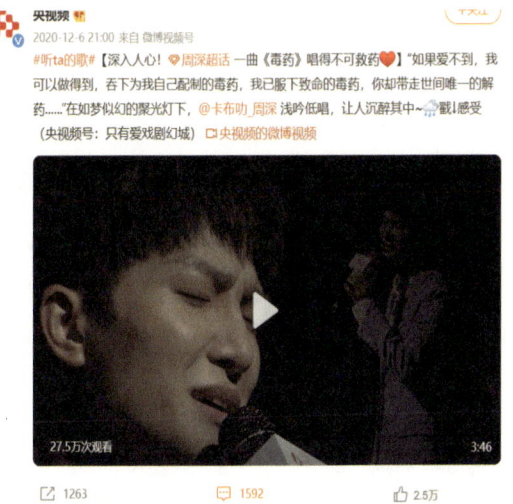

图 2-2-1 "央视频"官博宣传周深演唱《只有爱·戏剧幻城》主题曲截图

有超 310 万的阅读量,"央视频"官博的转发更是提升了该剧目的社会关注度。

(2)人气艺人号召力增加剧目知名度。

《只有爱·戏剧幻城》位于江苏盐城"荷兰花海"景区,流量艺人杨超越是荷兰花海旅游形象推广大使。该剧目官博重点宣传了杨超越、荷兰花海与《只有爱·戏剧幻城》之间的联系(见图 2-2-2)。杨超越在年轻观众群体中具有较高人气和号召力,该剧在微博平台传播效果较好。

图 2-2-2 《只有爱·戏剧幻城》官博宣传截图

2.《又见敦煌》

本报告统计排名榜单显示,《又见敦煌》在微博平台的热度排名第二。

《又见敦煌》是情境融入式演出项目,依托千年丝绸之路历史和文化打造的大型情景剧。研究者在微博平台检索到 813 条和《又见敦煌》相关的内容,话题 # 又见敦煌 # 阅读量达 1344 余万,网民的观后感中大多提到"敦煌文化""西北文化""丝绸之路"字样,与敦煌本地传统文化密切联系,在传播中加深了观众对《又见敦煌》剧目的印象(见图 2-2-3)。

图 2-2-3 《又见敦煌》观众观后感

3.《知音号》

在本报告的综合排名榜单中,《知音号》在微博平台的热度排名第三。根据检索,湖北武汉《知音号》共有 19 个相关话题,其中 # 武汉医护受邀参加知音号游轮专场 # 拥有超 230 万的阅读量。

(1)沉浸式演出着力满足年轻群体社交娱乐需求。

《知音号》是长江首部漂移式多维体验剧。该剧目注重观众沉浸式体验,是具有地方特色的剧目。

导演团队在武汉市两江四岸核心区打造了一艘具有20世纪风格的蒸汽轮船和一座漂移的剧场,观众即演员,导演用电影的方式打造实践性情景剧。同时,该项目打造全国独有的文化和服务双IP,已成为武汉城市文化旅游新名片和中国文旅产业新地标。

其他地区也有部分剧目主打沉浸式观剧体验,比如天津《北洋歇洛克》为沉浸式探案小剧场,结合当下年轻观众喜爱的探案、剧本杀等元素进行剧目展演,形式上与《知音号》相似,沉浸式体验剧或将成为实景剧目演出的一大创新方向。

(2)精准抓住传播契机与宣传节点。

《知音号》官方微博账号"武汉知音号"拥有1.7万的粉丝量,日常发博较为频繁。该微博粉丝的点赞评论量虽少,但官博不会落下重要时间节点和抢票信息等宣传内容。每年5月20日是《知音号》的周年庆,#520知音号生日快乐#阅读量超96万,除了官方账号发布周年庆相关微博,许多观众也自发带话题发博(见图2-2-4、图2-2-5),加深了观众对剧目的认同感。

图2-2-4　观众发表对《知音号》的感想截图

图 2-2-5 观众为《知音号》庆生截图

此外,《知音号》在武汉疫情缓和之后恢复了演出,剧方邀请武汉医护参加知音号游轮专场,#武汉医护受邀参加知音号游轮专场#的话题阅读量超 230 万,在特殊时期注重强调剧目与城市、与人民同呼吸共命运的理念,有较好的社会影响力。

4.《印象·武隆》

2011 年 10 月 1 日《印象·武隆》实景歌会在世界自然遗产、国家 5A 级景区——重庆市武隆区首度亮相。2016 年,总导演张艺谋、王潮歌、樊跃历时 4 个月对印象节目进行了升级改版,微博话题#印象武隆改版首演#拥有 215 万余阅读量,具有广泛的观众基础。

(1)充分利用和盘活重庆当地文化元素。

《印象·武隆》剧场选址在重庆市武隆区桃园大峡谷,峡谷呈"U"形,高低落差 180 米,远山神秘、近山雄奇、沟壑清幽。剧场独特地理位置的选择不仅保护了生态,也为演出提供了绝佳表现空间。改版后的《印象·武隆》实景歌会以国家级非物质文化遗产"川江号子"为主题,将"号子""哭嫁"等传承千年但濒临消失的民俗形式与火锅、滑竿、棒棒等最具重庆特色的人文元素相融合,让观众亲身感受千年文明带来的心灵震撼。

(2)主流媒体报道为剧目品质背书。

《印象·武隆》曾被新华社多次报道,自2006年该实景演出项目启动之初,新华网就持续关注报道。2016年,新华社"一带一路全球行"采访团对《印象·武隆》进行了全方位的深度采访拍摄,记者们对《印象·武隆》的剧场选址、主题定位、节目内容、光影效果和演员们充满激情的表演给予了高度评价(见图2-2-6)。此外,央视、人民网等媒体也对《印象·武隆》剧目进行了报道。

图 2-2-6　新华社报道《印象·武隆》

5.《印象·刘三姐》

《印象·刘三姐》是中国第一部山水实景演出剧,在微博上共有6个相关话题。其中#印象刘三姐#的阅读量超700万。

(1) 系列文化产品奠定观众基础。

刘三姐是广西壮族民间传说人物,在《印象·刘三姐》之前,已有系列文艺作品演绎过刘三姐的传奇人生。2006年,广西壮族自治区河池市宜州区申报的"刘三姐歌谣",入选第一批国家级非物质文化遗产名录民间文学项目类别。经典电影《刘三姐》传播度极高,在一定程度上也为《印象·刘三姐》奠定了观众基础。

此外,为了得到更多年轻观众的青睐,《印象·刘三姐》也寻求形式创新,开拓文化市场,《印象·刘三姐》推出实景体验的定制剧本杀,满足了当下剧本杀行业的市场需求(见图2-2-7)。在微博上搜索"剧本杀"词条,检索出853余万的结果,相关话题585条,可见微博用户对于剧本杀的关注度和讨论度之高,其与剧本杀形式的结合进行宣传是该剧亮点。

图2-2-7 《印象·刘三姐》剧本杀先导片

（2）官博积极与用户互动提升流量。

微博具有相对公正有效的抽奖互动规则，许多品牌营销都采用微博抽奖的方式获得新用户、稳定老用户，是一种成本较低的宣传营销手段。《印象·刘三姐》的官方微博也积极同其他组织合作进行文创产品抽奖，提升该剧目在微博平台的用户关注度。

三、微博平台特征呈现

1. 旅游、摄影等大 V 博主增加文旅演艺剧声量

在微博平台上，转发、点赞、评论数量高的博文出自百万粉丝数的大 V 博主，其中不少大 V 认证为"旅行家""拍客"，增加了博文的可信度。这些博文内容多为观剧感受、游览攻略、景点介绍等（见图 2-2-8）。如微博粉丝量超 130 万的"菜菜子 Joe"，其账户认证为"飞猪旅行家，去哪儿聪明旅行家，携程旅拍签约旅行家，微博牧场计划合作达人"，有较强黏性

图 2-2-8　微博大 V 剧目介绍截图

的粉丝群体，其发布的《寻梦山塘》演出微博中带了＃带着微博去旅行＃、＃带着微博去苏州＃话题，配上一分钟以内的现场视频，获得了 37.3 万次的观看量（见图 2-2-9）。

图 2-2-9　"菜菜子 Joe"提及《寻梦山塘》的微博截图

2. 明星艺人提升地方文旅演艺剧社会关注度

在一些有当红明星艺人参与的文旅演艺剧的微博和话题中，微博粉丝的积极参与使得文旅演艺剧的话题讨论量和阅读量显著提升。比如《禅宗少林·音乐大典》与某品牌合作宣传，邀请了汪东城等明星代言人，提升了文旅演艺剧在年轻微博网民中的传播力。

此外，地方标志性景点与综艺节目合作，邀请明星参与节目录制，也为景点和文旅演艺剧带来更多热度（见图 2-2-10）。比如湖南卫视《元气满满的哥哥》曾在河南郑州的中国最大的戏剧聚落群——"只有河南·戏剧幻城"取景拍摄。围观人群在微博上发布现场信息，发布在相关的艺人超

图 2-2-10　明星在剧目景区录制节目截图

话和＃只有河南·戏剧幻城＃的话题里，带动当地的文旅演艺剧演出、饮食品牌、周边景点小范围走红。随着景点和文旅演艺剧的品牌融合，未来文旅行业与实景演出剧目同当红影视歌星的合作或成为常态。

3. 演职人员参加综艺节目，提升剧目关注度

依托当地的艺术团，一些较大型的系列文旅演艺剧承担着弘扬和传承当地文化的责任，剧目演出人员通过参加收视率高的中央级和省级的综艺节目，可以在一定程度上扩大剧目的宣传范围，增加剧目知名度。重庆《印象·武隆》话题＃印象武隆再登央视＃在微博平台有着超 160 万的阅读量。2020 年 6 月 25 日，"重庆印象·武隆艺术团"川江号子传承人，搭档著名歌手谭维维在中央广播电视总台大型文化音乐节目《经典咏流传》中共同演绎《踏歌千江》（见图 2-2-11）。

图 2-2-11 《踏歌千江》人民文娱宣传截图

4. 负面博文较少得到制作方回应

少数文旅演艺剧虽然由政府官方或官媒牵头宣传，但效果不尽如人意。比如河北省石家庄市人民政府新闻办公室官方微博"石家庄发布"一条关于《正定记忆》剧目的微博评论下，当地民众表示不满，认为该演出没有真正做到"与民同乐"，而只是"内部"的演出，并且"劳民伤财""全城堵车"，将负面情绪投射到文旅演艺剧剧目本身（见图 2-2-12）。河北日报关于《滹沱河畔》的微博评论也存在着许多负面舆情，一些网民发布了该演出"浪费电""净整些没用的"等负面评价。对此，官博并无相关回应。

5. 少数微博评论指出实景演出存在安全隐患

安全保障是实景演出需要考虑的重中之重，一旦出现安全事件将对剧目的声誉传播造成实质性的负面影响，严重可致剧目停演、景区关停。

首先，文旅演艺剧需要在安全保障的前提下寻求舞台创意。陕西西安《驼铃传奇》曾因被疑使用真狼出演实景剧而受到广泛关注，微博话题#剧院称驼铃传奇舞台上跑的是狼#阅读量超百万。对此，剧场工作人员回应，

〈 返回　　石家庄发布

石门张师傅:以后这种"内部"的演出和晚会就不要对外宣传报道了，劳民伤财不说，全城大堵车也没个应急预案。
2017-9-3 07:10　35

不爱做饭不爱洗碗的淇宝妈43828:说得好
2017-9-3 17:44

水恋月钟情:与民同乐？还是孤芳自赏？花销太大，民不认可，办之无益。
2017-9-3 07:02　25

Childe_Jason:美轮美奂是用来形容房租高大优美而众多的！！！
2017-9-3 07:35　3

在海168:房价也很高大哦，二手房16000
2017-9-3 15:40

Childe_Jason:回复@在海168:这个解释是不是有点牵强，可是这个词用得怎么都不对，高中语文总是考这个，词典也亲自查了，还是有好多人望文生义！
2017-9-3 20:58

kkk-black:可是本来就是给领导看的啊，为什么你们这么愤怒
2017-9-3 12:42　10

--口罩希--:看起来这么热闹有什么用呢？根本不让进啊
2017-9-3 07:07　9

图 2-2-12　宣传微博下的负面评论截图

参与演出的十几只狼都是真狼，是西伯利亚平原狼的驯化品种，有狼的血统但无危险，演出现场会有安全措施。但这并没有扭转负面舆情，仍有不少观众认为使用真狼无法保证万无一失（见图 2-2-13）。

正观新闻　+关注
6-15 15:33 来自 微博 weibo.com
#演出用真狼追演员网友回应#【西安一演出用真狼追演员，网友：演出不错，就是有点费人】6月13日，陕西西安。网传视频显示，《驼铃传奇》的演出舞台上，一群狼在演员引导下参与演出，还跑向观众席中的过道。有网友问这群狼到底是真狼还是狗狗扮演的？对此，剧场工作人员回应，参与演出的十几只狼都是真狼，是西伯利亚平原狼的驯化品种，还有狼的血统但无危险，演出现场会有安全措施。

舞台还原

真风沙，真骆驼，真瀑布，还有真狼

有人说，人到西安，有几样事是必须感受的。兵马俑必须去，华山必须爬，biangbiang面必须吃，《驼铃传奇》必须看。《驼铃传奇》的声名当然不如前三者，毕竟历史的沉淀就差了一大截，虽然存在不过短短数年，但口碑却好得出奇。说来说去，就是因为一个"实"字。

图 2-2-13《驼铃传奇》新闻报道截图

其次，部分剧目观众质疑现场调控与互动效果，存在踩踏、拥挤等安全隐患。比如上海《天幕水极》在上海欢乐谷景区演出，有观众表示《天幕水极》演出现场拥挤，观众观剧素质堪忧，存在安全隐患。这也警示剧方和运营人员要高度重视实景演出中现场秩序的把控和人员管理，必要时需要采取限流措施（见图 2-2-14）。

图 2-2-14 《只有河南·戏剧幻城》观众体验截图

第三节 抖音平台网络传播力特征分析

抖音是由今日头条孵化的一款音乐创意短视频社交软件，于 2016 年 9 月 20 日上线，是一个面向全年龄段网友的短视频社区平台。2020 年 8 月，抖音短视频、抖音极速版和抖音火山版日活跃用户数量约 6 亿，覆盖了全网近三分之二的网民，抖音月活跃用户规模达 6.28 亿。2021 年中国 45.2%的短视频用户使用抖音平台，抖音目前已经成长为国内短视频行业排名第一的软件。该平台的数据一定程度上可以体现入选文旅演艺剧在社交平台上的传播力。

研究者在抖音平台搜索框内进行搜索，通过输入"带有书名号的文旅演艺剧名称+剧"的方式对入选文旅演艺剧进行检索，统计截至2021年11月7日的全部相关视频发布数量及点赞量，最后通过算法计算出文旅演艺剧在抖音上的网络传播力指数。

一、抖音平台网络传播力指数

在入选的144部文旅演艺剧（见表2-3-1）中，抖音平台上网络传播力指数最高的10部剧依次是《丽江千古情》《印象·丽江》《宋城千古情》《三亚千古情》《又见平遥》《只有河南·戏剧幻城》《又见敦煌》《西安千古情》《驼铃传奇》《归来三峡》。144部文旅演艺剧平均传播力指数为10.52，其中传播力指数50以上的共有4部，传播力指数介于10—50的共有40部，其他文旅演艺剧在抖音平台上的网络传播力指数均在10以下。此外，22部文旅演艺剧在抖音上的网络传播力指数为0。不同文旅演艺剧在抖音平台上的网络传播力指数差异较大，部分文旅演艺剧抖音平台建设有待加强。

表 2-3-1　文旅演艺剧在抖音平台上的网络传播力指数

地点	剧名	传播力指数	地点	剧名	传播力指数
云南	《丽江千古情》	93.16	甘肃	《又见敦煌》	40.82
云南	《印象·丽江》	57.90	陕西	《西安千古情》	39.41
浙江	《宋城千古情》	52.26	陕西	《驼铃传奇》	37.94
海南	《三亚千古情》	51.05	重庆	《归来三峡》	37.58
山西	《又见平遥》	46.88	广西	《印象·刘三姐》	37.39
河南	《只有河南·戏剧幻城》	42.86	西藏	《文成公主》	36.41

续表

地点	剧名	传播力指数	地点	剧名	传播力指数
河南	《禅宗少林·音乐大典》	34.63	浙江	《印象·普陀》	16.63
河南	《大宋·东京梦华》	33.61	广西	《花山》	15.59
江苏	《只有爱·戏剧幻城》	33.58	四川	《只有峨眉山·戏剧幻城》	15.20
福建	《印象·大红袍》	32.85	河北	《飞马滹沱》	13.34
河北	《鼎盛王朝·康熙大典》	32.74	江苏	《南京喜事》	13.23
湖南	《炭河千古情》	32.42	湖南	《遇见大庸》	12.58
重庆	《印象·武隆》	31.77	山西	《又见五台山》	11.83
湖南	《张家界千古情》	31.18	重庆	《巫山神女》	11.34
山西	《再回相府》	30.62	安徽	《天仙配新传》	10.51
四川	《九寨千古情》	30.56	甘肃	《天下雄关》	9.78
上海	《天幕水极》	30.06	宁夏	《沙坡头盛典》	8.89
山西	《如梦晋阳》	25.21	内蒙古	《蒙古马》	8.45
新疆	《昆仑之约》	24.64	云南	《幻境2099》	8.42
湖北	《知音号》	23.17	广西	《夜话柳江》	8.03
云南	《丽水金沙》	20.69	江苏	《梦回西楚王朝·千年之恋》	7.86
江苏	《如梦上塘》	20.13	江西	《寻梦龙虎山》	7.85
山东	《中华泰山·封禅大典》	20.02	内蒙古	《千古马颂》	7.31
江西	《寻梦牡丹亭》	19.90	贵州	《龙乡水里·贵秀》	7.19
浙江	《阆苑仙境》	19.80	陕西	《天汉传奇》	6.69
浙江	《印象·西湖》	19.66	浙江	《塘河夜画》	6.28
湖南	《天门狐仙·新刘海砍樵》	19.47	陕西	《长恨歌》	6.11
贵州	《西江盛典》	19.02	山西	《如梦碛口》	6.03
江西	《寻梦滕王阁》	18.19	甘肃	《回道张掖》	5.89

续表

地点	剧名	传播力指数	地点	剧名	传播力指数
安徽	《宏村阿菊》	5.63	河北	《浪淘沙·北戴河》	2.67
福建	《梦境九龙潭》	5.48	江西	《浮瑶映月》	2.65
西藏	《金城公主》	5.02	山东	《神游华夏》	2.51
天津	《天下·盘山》	4.86	云南	《云南印象》	2.17
河北	《那年芳华》	4.80	浙江	《江清月近人》	1.71
陕西	《二虎守长安》	4.74	江苏	《金陵寻梦·夜瞻园》	1.55
山西	《太行山上》	4.53	重庆	《欢天喜地洪崖洞》	1.42
广西	《坐妹》	4.27	天津	《盘山北少林》	1.41
广西	《寻根黄姚》	4.19	江苏	《寻梦山塘》	1.40
山东	《曹州吟》	4.10	四川	《美人谷》	1.38
浙江	《最忆是杭州》	4.09	天津	《北洋歇洛克》	1.35
广东	《原乡》	3.59	湖北	《寻梦大汉·汉颂》	1.33
河北	《正定记忆》	3.16	湖南	《烟雨凤凰》	1.28
江西	《梦里老家》	3.05	陕西	《大唐追梦》	1.22
甘肃	《张国臂掖》	2.90	甘肃	《问道崆峒》	1.12
四川	《今时今日安仁》	2.85	浙江	《火烧圆明园》	1.11
新疆	《爱在达瓦昆》	2.83	河北	《滹沱河畔》	1.03
江苏	《天仙缘》	2.80			

注：传播力指数 1.00 以下文旅演艺剧不予显示

二、抖音平台个案分析

1.《丽江千古情》

根据本报告统计排名,《丽江千古情》在抖音平台上的综合得分排名第一。《丽江千古情》发文量为 451 条,点赞量超 46 万。《丽江千古情》是丽江千古情景区的核心产品。丽江千古情景区由中国第一家演艺上市公司宋城演艺倾力打造,以丽江民族地域文化为主题,以大型歌舞《丽江千古情》为核心内容,展现了丽江千年文化和历史风情。

(1)实景剧内容是影响热度的重要因素。

《丽江千古情》依托丽江旅游资源的知名度,依托景区自然与文化特色,演绎丽江长达千年的历史与传说。

在短视频文案和抖音用户评论中,"感动"一词出现较多,这与《丽江千古情》番外篇"大地震"有密切联系,剧中演绎了地震后解放军战士奋力救灾的故事,引发了观众的关注与讨论(见图 2-3-1)。

全剧将高科技与原生态艺术相结合。在抓取的 451 条抖音视频中,有 445 条短视频文案均出现了"震撼"(见图 2-3-2)。《丽江千古情》通过灯光、特效、道具、故事情节还原茶马古道最真实的情景,剧中将少数民族武艺和传说利用高科技和杂技表现出来,带给抖音用户强烈的视觉冲击。

(2)文旅演艺剧官方账号、演员账号、游客账号形成传播合力。

《丽江千古情》有两个官方抖音账号,其中一个官方账号发布实景剧片段,粉丝量为 21.6 万,点赞量高达 101.3 万。视频多由专业人士制作,发布以"变装秀"为话题的视频,其中最高点赞量达 1 万(见图 2-3-3)。

该剧另一个官方抖音账号——"丽江千古情艺术团"有 1.9 万粉丝,其发布的视频大多聚焦演员日常排练花絮。该账号发布的 43 条视频总共获得

图 2-3-1　抖音搜索“丽江千古情感动”截图

丽江千古情大型实景剧现场实录，场面震撼，前三排观众全淋湿
丽江千古情实景演出《丽江恋歌》，震撼人心！
丽江千古情真的是一生必看的一场演出，翅膀是9个人组成的，震撼#再忆经典
#丽江千古情 一生必看的演出，这个翅膀是由9个人组成的，太震撼了👍👍
#视觉震撼　补发，丽江千古情精彩片段，全部实景实物真人演出，值得一看👍
丽江千古情实景剧场演出讲述丽江纳西古族千年历史，表演真实震撼值得一看👍👍👍
#丽江千古情丽江恋歌 号称“一生必看的演出”你给我一天，我还你千年的宣语，果然震撼！
#千古情 #视觉震撼 一生一定要来看一次的表演，#壮观
#演出现场 #景点打卡 #千古情 #视觉震撼 #跟我打卡最红地标 丽江千古情
来到丽江必看的演出，太震撼了，大型实景剧场，值得再次为它而来。#丽江千古情 @DOU+小助手
震撼的丽江千古情，大型实景剧场丽江恋歌—— 宋城重头戏，去了千万不要错过#丽江千古情 #宋城千古情 #丽江恋歌
宋城，丽江千古情，大型实景演出，心灵的震撼，一生必看的演出，点关注，精彩不断
震撼#一步两步三步四步
丽江千古情，实景剧演出震撼无比！
一直在抖音上看到这幕震撼的演出，今天终于来到现场～#丽江恋歌 值得一看！@抖音小助手
千古情大型实景演出！（三）#演出现场 #视觉震撼 #丽江 #光影艺术
#丽江千古情丽江恋歌 #丽江这次终于自己亲眼见证了这震撼表演
10秒钟带你看完一生必看的演出-#丽江 千古情，超震撼！泪崩好几次是真的！#旅行
以前经常刷到丽江千古情，今天终于坐到现场体验了一回，很震撼，不虚此行，晚上丽江古城约起！#跟我打卡最红地标
一生必看的爱情舞台剧，故事感人至极，全程视觉令人震撼，太棒了
千里迢迢就为丽江千古情 不虚此行 值得一看 太震撼了#丽江千古情 #丽江千古情
#丽江千古情 温婉秀丽的彩云之南，从不缺乏不朽的史诗故事#演出现场 #舞台剧 #视觉震撼
#丽江千古情 这是丽江千古情片段中《马帮传奇》，通过灯光、特效、道具、故事情节还原茶马古道最真实的情景！震撼
#演出现场 丽江千古情片段 看了才知道什么叫震撼
好好的演出，别瞎拍，不会的我教你 #视觉震撼 #千古情 #丽江古城
千里迢迢就为这个演出而来，看了7次都不过瘾，名不虚传，舞台太震撼了！#千古情 #丽江 #演出现场
丽江千古情室外实景演出，丽江恋歌，很震撼！
千里迢迢就为了这个演出而来，看了N次都看不腻，来#丽江 一定不能错过哦！太震撼了！@丽江千古情
看得全场观众都稀里哗啦的，小哥哥失去心爱女孩的那种撕心裂肺…现场很震撼……#丽江千古情景区 #演出现场
一生必看的演出，我来了，拍了很多视频但一定要亲自体验才比较震撼。很遗憾的是只有我一个人欣赏#千古情 #演出现场
丽江印象、千古情大型实景演出很震撼，值得一看！#玉龙雪山 #丽江印象千古情#抖音小助手
丽江恋歌阿布达和嘎吉米的爱情故事，不虚此行，值得一看，太震撼了……#丽江千古情丽江恋歌
震撼大型实景演出#丽江千古情丽江恋歌
千古情5D大型实景演出！#丽江 #视觉震撼 #创意设计 #视觉艺术
千古情大型实景演出（二）#演出现场 #视觉震撼 #丽江 #生活的美无处不在
丽江的千古情很震撼！这是其中的一个片段，女演员真情实感。
丽江千古情实景演出，这是丽江恋歌。千古情在室内，是很震撼的，可惜手机拍不出来那样的场面，一生必看！
千里迢迢就为了这个演出而来，看了N次都看不腻，来#丽江 一定不能错过哦！太震撼了！#千古情 #演出现场

图 2-3-2　数据筛选“震撼”截图

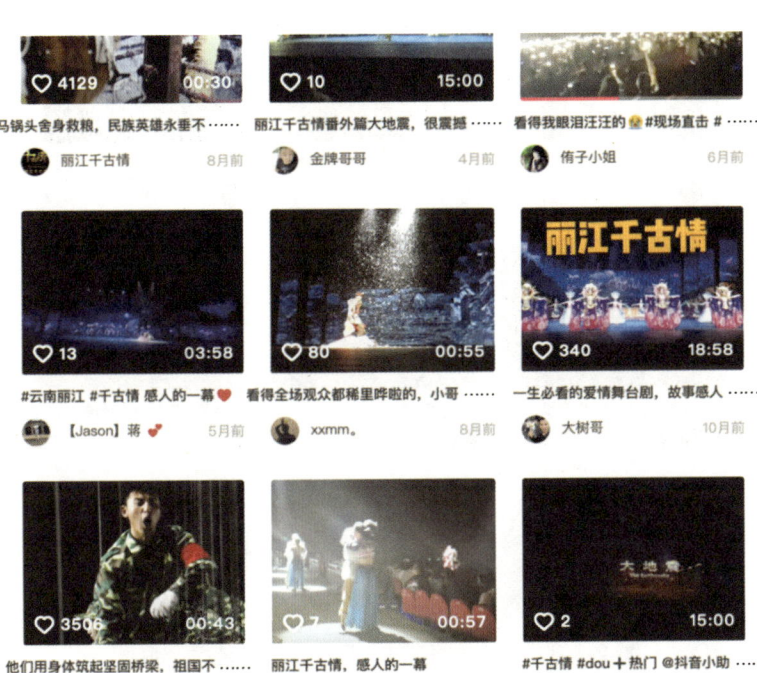

图 2-3-3　抖音搜索"丽江千古情变装秀"截图

了 10.3 万点赞,与《丽江千古情》官方抖音账号形成传播合力,提升了《丽江千古情》的知名度(见图 2-3-4)。

图 2-3-4　"丽江千古情艺术团"账号发布视频部分截图

2.《印象·丽江》

《印象·丽江》综合排名跻身前三，该剧由知名导演张艺谋执导，依托玉龙雪山旅游景区热度进行宣传，发文量位居榜首（见图2-3-5）。

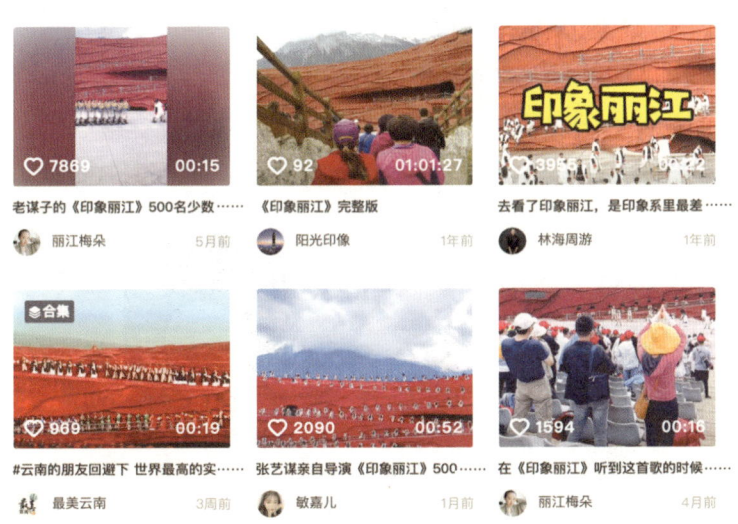

图2-3-5 《印象·丽江》在户外演出，海拔高，无特技特效

但《印象·丽江》没有获得与高发文量对应的高点赞数，其原因可能有以下两个方面。

（1）实景剧本身内容不足。

拥有32.2万抖音粉丝的账号"林海周游"（见图2-3-6），发布了一条视频总结《印象·丽江》的不足之处：没有演出棚、玉龙雪山海拔高、紫

图2-3-6 账号"林海周游"截图

外线相对较强、天气变化大影响观众观看体验、缺乏特技、故事乏味、引发审美疲劳等。该视频获得了 3954 次点赞。

（2）官方账号不重视宣传。

《印象·丽江》官方抖音账号发布视频仅有 6 个，且视频制作粗糙，视频发布时间间隔也较长。粉丝量只有 224，获赞 398，这可能是导致《印象·丽江》传播力较弱的重要原因之一（见图 2-3-7）。

图 2-3-7 《印象·丽江》官方抖音号主页截图

3.《只有河南·戏剧幻城》

《只有河南·戏剧幻城》在抖音平台上综合排名第六，统计数据中发文量只有 88，然而点赞量却高达 281 万，位列抖音平台实景剧第二，仅次于《丽江千古情》。

（1）内容丰富，多个场景聚合。

《只有河南·戏剧幻城》占地面积 622 亩，幻城内拥有 21 个大大小小的剧场、总时长近 700 分钟的剧目、近千名演员，是目前中国规模最大、演出时长最长的戏剧聚落群。在《只有河南·戏剧幻城》官方抖音号发布的一条观众采访视频中，许多观众表示"震撼""起鸡皮疙瘩""意犹未尽"（见图 2-3-8）。

第二章 六大平台网络传播力分析

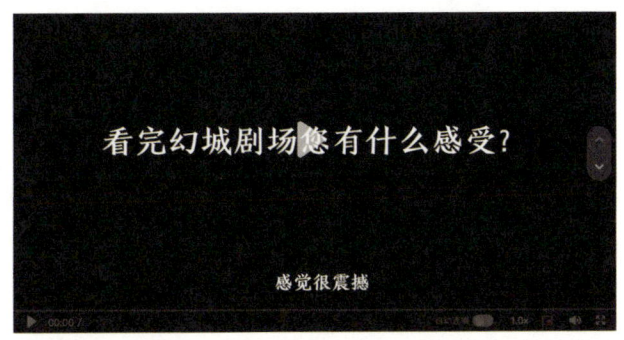

图 2-3-8 《只有河南·戏剧幻城》官方抖音号采访观众的视频截图

在这条视频旁边的"相关搜索"中，也出现了一些抖音账号发布的对《只有河南·戏剧幻城》观看体验的视频，同样提到了"一切值得""感动""惊奇"等正向词汇（见图 2-3-9）。由此可见，实景剧内容丰富、沉浸

图 2-3-9 《只有河南·戏剧幻城》相关搜索截图

045

感体验、主题发人深省等是《只有河南·戏剧幻城》传播力高的主要原因之一。

（2）官方账号与游客账号协同互补形成宣传矩阵。

《只有河南·戏剧幻城》官方抖音账号注重宣传，其主页置顶的3个作品拍摄和剪辑手法专业，制作精良，获赞量均达到10万以上。官方账号粉丝量达到15.4万，发布作品180个，内容主要是实景剧片段，总获赞量高达215.3万。其他游客账号发布视频大多是旅行Vlog和景区攻略，可见游客账号对实景剧传播力的贡献不容小觑，这些非官方账号与《只有河南·戏剧幻城》官方账号发布的作品内容上互补，形成传播合力，提升了《只有河南·戏剧幻城》的热度（见图2-3-10、图2-3-11）。

三、抖音平台特征呈现

1. 文旅演艺剧官方、演员个人、游客账号协同互补，账号矩阵形成合力

文旅演艺剧相关账号按照性质可分为三类：官方账号、演员个人账号、游客账号，三者各有特色，形成合力，促进传播。官方账号经过抖音平台认证，粉丝数量、获赞量较多，发布内容以文旅演艺剧表演画面、演员日常片段为主，视频质量较高，作为官方宣传渠道，可以很好地起到强化宣传的效果。演员个人账号和游客账号均未经过抖音认证，粉丝数量、获赞量相对较少，但这些账号通过发布文旅演艺剧相关视频，一定程度上弥补了部分文旅演艺剧没有官方发声渠道的缺陷，有助于文旅演艺剧在大众中推广普及。

例如，文旅演艺剧抖音平台排名第一的《丽江千古情》，其总发文量为451，点赞量为464万，远超其他文旅演艺剧。其经过平台认证的官方账号"丽江千古情"粉丝数27.2万，获赞105.3万，主要发布演出画面（见

第二章 六大平台网络传播力分析

图 2-3-10 《只有河南·戏剧幻城》官方账号主页截图

图 2-3-11 抖音上搜索《只有河南·戏剧幻城》首页截图

047

图2-3-12）。"丽江千古情艺术团"为艺术团演员个人账号，分享内容主要为艺术团演员日常（见图2-3-13）。此外，游客在丽江旅游过程中也会自行发布该文旅演艺剧相关视频，进一步增加曝光量，有一定传播效果（见图2-3-14）。

图2-3-12　抖音账号上"丽江千古情"主页截图

图2-3-13　抖音账号上"丽江千古情艺术团"主页截图

图 2-3-14 《丽江千古情》游客账号发布视频截图

社交媒体技术的发展为普通用户赋权,"人人都有麦克风",文旅演艺剧官方通过抖音平台宣传演出作品,扩大知名度。演员和游客借助抖音方便快捷、容易上手的传播特点录制文旅演艺剧相关视频,提高了文旅演艺剧在抖音平台上的传播力。因此文旅演艺剧在抖音上的传播形成了官方、演员个人、游客账号协同互补的传播态势。

2. 官方账号的发文量、活跃度在文旅演艺剧宣传中起重要作用

抖音官方账号粉丝数量较多,发布内容影响范围较广。其发布的视频内容主要为演出现场画面,原创度高、画面精致、配乐考究、剪辑专业、文案用心,因此更容易产生爆款视频,有利于提升文旅演艺剧的影响力。例如,在抖音平台文旅演艺剧传播力榜单中,《只有河南·戏剧幻城》排名第六,与排名前5的文旅演艺剧相比,其相关视频发文量虽偏少,但点赞数超过了排名前5的《印象·丽江》《三亚千古情》等剧。究其原因,《只有河南·戏剧幻城》文旅演艺剧官方重视线上宣传,其官方账号发布了一系列文旅演艺剧相关视频,产生了较多爆款视频(见图 2-3-15)。《只有河南·戏剧幻城》官方账号 2021 年 5 月发布的一条视频内容为舞台表演演出画面,抖音用户纷纷表示"惊艳""震撼",该视频最终获得了 42.5 万点赞、1.4 万评论、3000 多收藏(见图 2-3-16)。

图 2-3-15　抖音账号"只有河南戏剧幻城"主页截图

图 2-3-16　《只有河南·戏剧幻城》视频截图

此外,官方账号与抖音用户互动对提升文旅演艺剧传播效果也有重要作用。文旅演艺剧官方运营者在抖音平台上与用户进行互动,可以提升用户好感度,有助于文旅演艺剧在抖音用户中传播。例如,在《只有河南·戏剧幻城》发布的一条视频下,有用户询问具体问题,如"90岁以上老人是否免费",有些用户则表达了自己的感受,"真的能看哭了"。这些留言得到了官方账号及时回复,加强了粉丝黏性,有利于文旅演艺剧的传播(见图 2-3-17)。

第二章 六大平台网络传播力分析

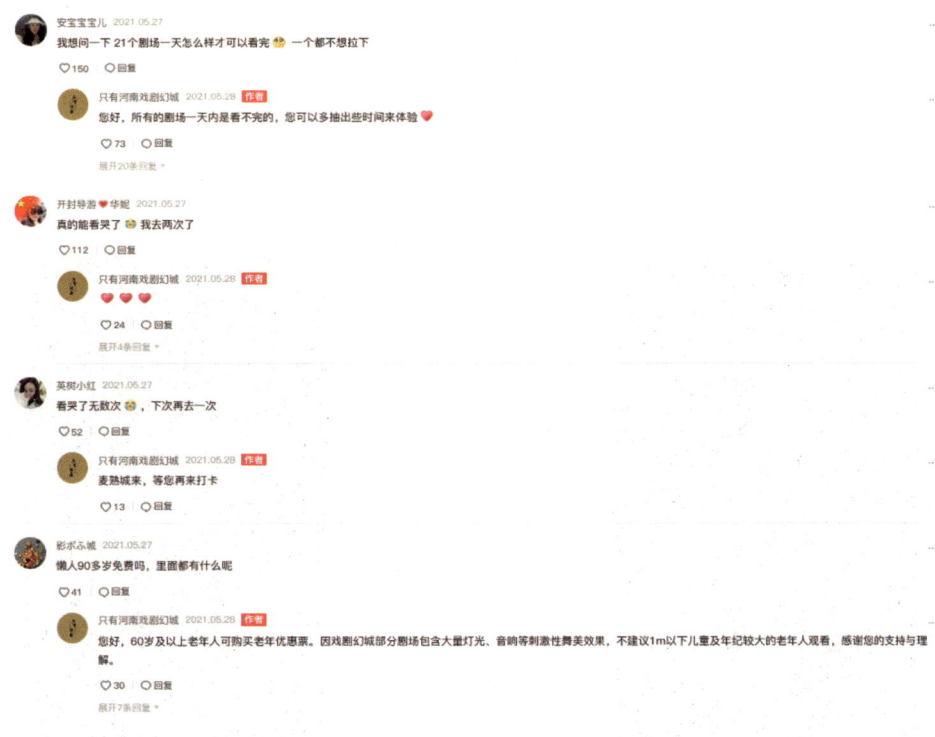

图 2-3-17 《只有河南·戏剧幻城》评论截图

需要指出的是,尽管很多文旅演艺剧官方在抖音平台建设中已经取得了不错的成绩,但仍有一部分文旅演艺剧官方并未重视抖音平台账号建设工作。在 144 部文旅演艺剧抖音平台上网络传播力指数排名中,22 部文旅演艺剧网络传播力指数为 0,该部分文旅演艺剧的抖音平台建设工作亟待加强。

3. 除了正式表演的录制片段,演员生活、训练日常视频得到用户较多关注

文旅演艺剧视频按照内容可分为两类,一类是文旅演艺剧演出画面,另一类是演员生活、训练日常视频。与文旅演艺剧演出画面的庄严、正式不同,演员生活和训练日常视频更为轻松活泼,花絮类视频将演员的真实生活场景展示在用户面前,使抖音用户更加了解文旅演艺剧的"台前幕后"。这些视频大多配以动感音乐,视频中的演员或刻苦训练,或载歌载

051

舞,拉近了演员与用户的距离,极大地激发了用户兴趣,对推动文旅演艺剧宣传产生了很好的效果。例如,在"丽江千古情艺术团"发布的视频中,一条演员跳舞视频获得了 8000 多点赞量,380 条评论量,不少抖音用户看了视频之后纷纷表示想去看现场演出(见图 2-3-18、图 2-3-19)。

图 2-3-18 《丽江千古情》视频截图

图 2-3-19 《丽江千古情》评论截图

此外，演员个人账号为这些视频的主要发布者，文旅演艺剧演员借助抖音平台记录自己生活、训练画面，客观上推动了文旅演艺剧在大众中的推广传播。例如，文旅演艺剧《寻梦牡丹亭》的8个相关抖音账号基本为文旅演艺剧演员个人账号，如"寻梦牡丹亭"等（见图2-3-20）。这些账号通过分享演员日常或文旅演艺剧幕后故事，丰富了文旅演艺剧相关内容，增加了抖音用户对文旅演艺剧的了解，有助于提升相应文旅演艺剧的传播力。

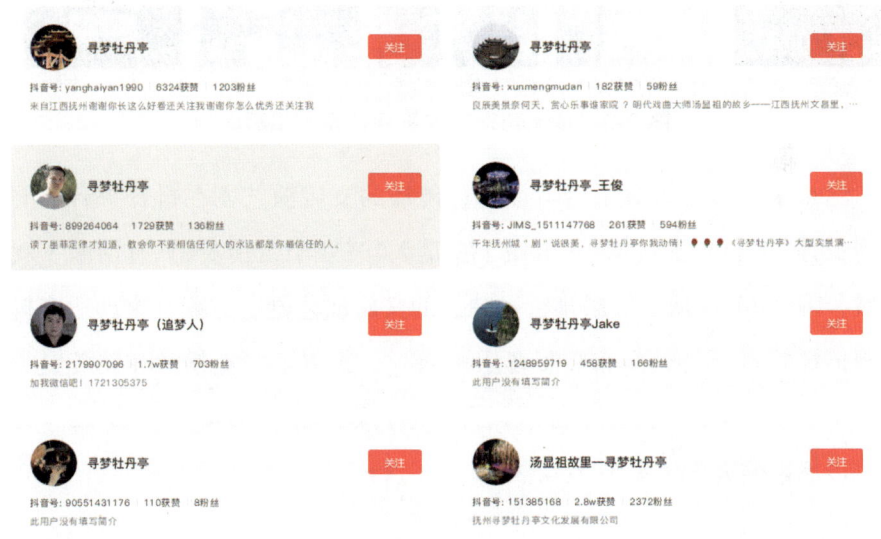

图 2-3-20 《寻梦牡丹亭》相关账号截图

由此可见，为提高文旅演艺剧抖音的传播力，除了提高视频质量之外，相关账号还可多发布一些演员日常画面、训练场景等相关视频，以满足用户好奇心，提升文旅演艺剧的传播效果。

4. 竖屏形式、实时发布等形式助力传播

文旅演艺剧在抖音平台上的传播形式多为竖屏传播，互动量优于横屏形式。例如，文旅演艺剧《归来三峡》的发文量达338，横屏视频量不到30，竖屏视频的点赞量多于横屏视频；横屏视频点赞量仅有73，而竖屏视频点赞量多数在100以上（见图2-3-21）。

图 2-3-21 《归来三峡》视频点赞量截图

注重结合抖音视频平台特征进行传播的文旅演艺剧在抖音平台上的传播力更强。《丽江千古情》《宋城千古情》《三亚千古情》《只有河南·戏剧幻城》《西安千古情》等居排行榜高位的文旅演艺剧官方账号主动适应抖音平台传播特点，持续发布竖版音乐短视频，积累了一定粉丝和获赞量（见图 2-3-22）。其中《宋城千古情》官方运营账号获赞 610 万，有 52.9 万粉丝，传播影响力大（见图 2-3-23）。

图 2-3-22 《西安千古情》抖音官方账号截图

第二章 六大平台网络传播力分析

图 2-3-23 《宋城千古情》抖音官方账号截图

抖音用户分享的文旅演艺剧观看场景、画面等具有实时性。在抖音平台上，上传视频快捷方便、操作简单、技术门槛低，这一特征促使游客更容易、更便捷地分享观剧视频，也进一步扩大了文旅演艺剧传播的主体范围。如《又见平遥》，其官方账号仅几百粉丝，但该剧在游客用户中传播影响力大，实时观剧视频上传量多，发文量达 441，位居抖音排行榜第六名（见图 2-3-24）。

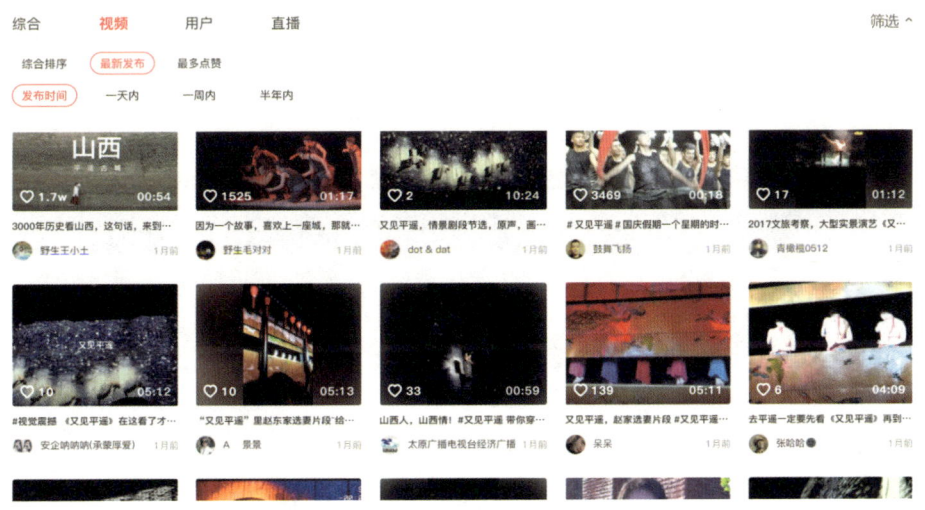

图 2-3-24 《又见平遥》游客分享截图

055

第四节　快手平台网络传播力特征分析

快手是北京快手科技有限公司旗下的产品，诞生于 2011 年 3 月，是用户记录和分享生产、生活的短视频社区。随着智能手机的普及和短视频的发展，快手已经成为国内活跃度最高的短视频社区之一，月活跃用户规模达到 5.73 亿。

本报告在快手首页搜索框内进行搜索，以文旅演艺剧的完整名称作为搜索信息，对 2021 年 11 月 7 日前快手上所有关于入选的文旅演艺剧进行信息抓取，最后通过算法计算出传播力指数。

一、快手平台网络传播力指数

在入选的文旅演艺剧中（见表 2-4-1），快手平台网络传播力指数最高的 10 部文旅演艺剧依次是：《梦里老家》《宋城千古情》《只有河南·戏剧幻城》《丽江千古情》《驼铃传奇》《只有峨眉山·戏剧幻城》《三亚千古情》《西安千古情》《又见平遥》《寻梦龙虎山》。

表 2-4-1　文旅演艺剧在快手平台上的网络传播力指数

地点	名称	传播力指数	地点	名称	传播力指数
江西	《梦里老家》	100.00	陕西	《驼铃传奇》	18.65
浙江	《宋城千古情》	55.10	四川	《只有峨眉山·戏剧幻城》	16.82
河南	《只有河南·戏剧幻城》	47.27	海南	《三亚千古情》	12.83
云南	《丽江千古情》	26.90	陕西	《西安千古情》	12.36

续表

地点	名称	传播力指数	地点	名称	传播力指数
山西	《又见平遥》	10.77	山西	《如梦碛口》	2.02
江西	《寻梦龙虎山》	10.16	山西	《如梦晋阳》	1.91
湖南	《张家界千古情》	9.34	内蒙古	《千古马颂》	1.86
陕西	《二虎守长安》	9.17	浙江	《塘河夜画》	1.68
贵州	《西江盛典》	6.98	云南	《印象·丽江》	1.60
甘肃	《回道张掖》	6.07	江西	《寻梦滕王阁》	1.39
湖北	《知音号》	5.73	浙江	《印象·西湖》	1.38
河南	《禅宗少林·音乐大典》	4.74	江苏	《只有爱·戏剧幻城》	1.36
湖南	《天门狐仙·新刘海砍樵》	3.66	甘肃	《问道崆峒》	1.34
河北	《鼎盛王朝·康熙大典》	2.80	甘肃	《张国臂掖》	1.23
内蒙古	《蒙古马》	2.46	山东	《曹州吟》	1.03
广西	《夜话柳江》	2.42	河北	《那年芳华》	1.01
甘肃	《又见敦煌》	2.23	内蒙古	《布衣郡守》	1.01
广西	《花山》	2.12			

注：传播力指数1.00以下文旅演艺剧不予显示

二、快手平台个案分析

1.《梦里老家》

《梦里老家》剧目官方账号有37.4万粉丝，共发布432个视频。该账号更新快，视频时长短，内容聚焦景区特色表演，而非文旅演艺剧剧情或演出片段。官方账号意图通过以景区特色表演与活动带动当地旅游及文化传播。其中播放量最高的视频获得58万点赞量，其标题为"舞蹈演员测体温的正确打开方式"，内容为穿着汉服的女子摆出各种姿势伸手测体温，游客评论多从视频内容角度出发对剧情、人物服装进行点评,评论区多是正面反馈(见图2-4-1)。而其余点赞数超过10万的视频内容也多与汉服有关,包括汉服快闪、汉服变装、游客赞赏汉服装扮者等。

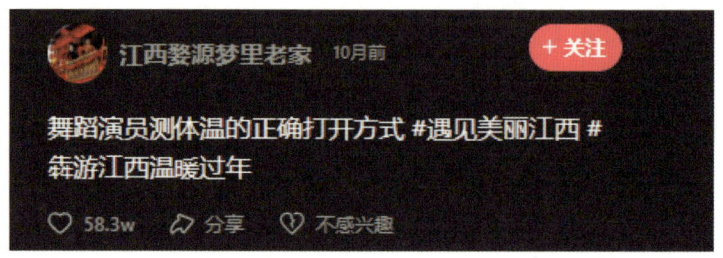

图2-4-1 《梦里老家》官方账号在快手平台上获得广泛关注

2.《只有河南·戏剧幻城》

在快手平台上,大多数文旅演艺剧目未开设官方账号,但有个别地方性的文旅宣传账号会进行一部分文旅演艺剧的宣传工作。此类视频也吸引了诸多用户的关注。

以《只有河南·戏剧幻城》为例,在快手平台上共提取相关视频104条,共获得115万点赞,即平均每条视频获得1万多点赞,位列快手传播力排行榜第三名。该剧目能够获得高关注度与讨论度,得益于平台上许多旅游信息整合类账号制作了关于"只有河南"景区项目的旅游攻略视频。如"鹏叔玩郑州""阿狸玩转郑州""逛逛吃郑州"等用户制作的攻略视频,单条最高获赞高达1.8万(见图2-4-2)。视频中呈现了《只有河南·戏剧幻城》景区全貌,详细介绍了景点中包含56个方格布局、21个独立剧场

图2-4-2 信息整合类账号发布的旅游攻略视频单条获赞较高

等细节,突出介绍了"国内规模最大""时长最长""沉浸式戏剧"等特色。此类视频通过提供景区详细信息、融合文旅演艺剧目特色引发观众讨论,提高了"只有河南"项目的知名度。

总之,在快手平台上,大多数剧目未设置官方账号,视频质量参差不齐。诸多视频借助知名文旅演艺剧的影响力来提高自身曝光度。例如,部分用户通过在视频标题、封面中体现著名文旅演艺剧信息,或制作"千古情"系列、"印象"系列文旅演艺剧的介绍及解说视频,来提高视频被检索、浏览的概率。部分文旅演艺剧在快手平台的关联账号中带有"折扣票""演员××"等字样,但账号内视频内容多与文旅演艺剧不相关。一些账号也可能存在购买粉丝、伪造数据的情况。如某剧目在快手平台上共有5个相关账号,其中一个账号带有蓝"V"标识,只发布过一个视频,获得4个点赞,但该账号却拥有8927位粉丝。

三、快手平台特征呈现

1. 文旅演艺剧官方账号发布视频较少,个人随拍视频较多

快手平台上文旅演艺剧官方宣传力度薄弱,近80%文旅演艺剧缺少官方账号,且官方账号不活跃,发布的视频互动量低,缺乏宣传意识。在快手平台上,更多情况下多是个人账号及政府账号发布的文旅演艺剧视频。

在快手平台文旅演艺剧相关检索信息中,多数视频为普通用户发布。个人用户上传的视频以旅游攻略分享、实时景色分享、个人旅游 Vlog 为主。在如《丽江千古情》相关检索视频中,以个体用户发布的旅游 Vlog 居多(见图 2-4-3)。个人发布的随手拍视频,内容未经过专业策划,浏览量不高,但此类视频以数量取胜,提高了同类视频的总体传播力。

2. 旅游攻略类视频比内容记录类视频更受欢迎

在快手所有关于文旅演艺剧的视频中,非官方投放的视频按照内容主

图 2-4-3　快手平台上《丽江千古情》页面截图

要分为两类：一类为由个人用户制作的旅游攻略类视频，另一类为个人用户在观览剧目过程中记录并分享的视频。旅游攻略类视频内容从当地整体风貌出发，文旅演艺剧往往只作为视频的一部分内容出现，视频制作精良、图文资料丰富、配有字幕、解说充分，能获得较多点赞和评论。第二类视频内容主要为文旅演艺剧演出片段，拍摄往往随意零散、画面粗糙，无法为其他观众提供更有效的参考信息，因此获赞量较低（见图 2-4-4）。

以快手传播力排名第三的文旅演艺剧《只有河南·戏剧幻城》为例。提取《只有河南·戏剧幻城》相关快手视频共 104 条，视频共计获得 115 万点赞，即平均每条视频获得 1 万多点赞。《只有河南·戏剧幻城》基于影视城景区创作，其中获赞量最高视频为地方账号制作，宣传影视城景区。与此同时，个人用户发布的相关旅游攻略视频较多，视频获赞量通常以千计。但是，观众随手拍摄并分享的视频数量虽多，观看、点赞量却很少，传播度低。

在平台上进行文旅演艺剧推广时，出品方可考虑通过制作攻略类视频，给予观众更多有效参考信息，提升观众观看兴趣，并配合当地其他旅游项目与景点进行整体宣传。

图 2-4-4　旅游攻略类视频与内容记录类视频获赞量差别显著

3."只有"系列、"千古情"系列文旅演艺剧形成品牌效应,更受快手用户关注

部分文旅演艺剧依托所在景点的关注度,打造了在全国拥有高知名度的系列剧目,如以《张家界千古情》《西安千古情》《三亚千古情》为代表的"千古情"系列。由于景区知名度高以及剧名简单易识别,快手平台上此类文旅演艺剧有更高讨论热度,"是否值得去""打卡""网红"是平台上关于此类剧目讨论的关键词。

在本研究中的 144 部文旅演艺剧中,共有 7 部以"地名 + 千古情"形式命名。其中,快手传播力排行榜前 10 中有 4 部,分别是《宋城千古情》(快手传播力第二)、《丽江千古情》(快手传播力第四)、《三亚千古情》(快手传播力第七)、《西安千古情》(快手传播力第八)。由此可见,类似"千古情"这类品牌名称有利于提升文旅演艺剧在平台上的知名度和讨论度。以快手传播力排名第八的《西安千古情》为例,在该文旅演艺剧相关讨论中,

"千古情终于开到西安了""西安也有千古情了,快点来打卡""新晋网红打卡地""千古情名副其实,不虚此行"等讨论均是高赞内容(见图2-4-5)。

长安有多美 看千古情就……　　#打卡网红景点 #我为……　　来西安一定要看的震撼……
♡ 1655喜欢　　　　　　　　　　♡ 3072喜欢　　　　　　　　　♡ 7385喜欢

图 2-4-5　"千古情"是《西安千古情》在快手平台上被讨论得较多的关键词

第五节　哔哩哔哩平台网络传播力特征分析

　　哔哩哔哩是中国"年轻世代"高度聚集的文化社区和视频平台。该网站于 2009 年 6 月创建,其前身是视频分享网站 Mikufans。哔哩哔哩作为涵盖 7000 多个兴趣圈层的多元文化社区,拥有动画、番剧、国创、音乐、舞蹈、游戏、科技、生活、娱乐、鬼畜、时尚等分区,并开设直播、游戏中心、周边等业务板块。用户自发在哔哩哔哩上上传视频、观看视频,并就视频内容进行交流。目前哔哩哔哩月均活跃用户达 2.37 亿,其中 18—35 岁用户占比 78%。抓取哔哩哔哩上文旅演艺剧相关视频,研究哔哩哔哩平台上的文旅演艺剧传播力特征,可了解文旅演艺剧在年轻用户群体中的传播情况。

第二章 六大平台网络传播力分析

本报告在哔哩哔哩首页搜索框内进行搜索，输入文旅演艺剧名称（或文旅演艺剧名称+剧/文旅演艺剧名称+演出）对入选文旅演艺剧进行检索，统计截至 2021 年 11 月 7 日的全部信息，包括视频信息、互动信息、UP 主（上传者）信息三方面。视频信息如下：视频网址、视频时长、视频标题、视频标签；互动信息如下：视频弹幕量、评论量、转发量、投币量、点赞量、收藏量；视频上传者信息：UP 主昵称、投稿数、粉丝数。最后通过算法计算文旅演艺剧在哔哩哔哩平台上的网络传播力指数。

一、哔哩哔哩平台网络传播力指数

在入选的文旅演艺剧（见表 2-5-1）中，哔哩哔哩平台上网络传播力指数最高的 10 部文旅演艺剧依次是：《只有爱·戏剧幻城》《只有河南·戏剧幻城》《宋城千古情》《知音号》《丽江千古情》《驼铃传奇》《又见敦煌》《黄河大合唱》《又见平遥》《寻梦牡丹亭》。其中"只有"系列和"千古情"系列表现较好。

表 2-5-1 文旅演艺剧在 B 站平台上的网络传播力指数

地点	名称	传播力指数	地点	名称	传播力指数
江苏	《只有爱·戏剧幻城》	80.64	山西	《又见平遥》	21.68
河南	《只有河南·戏剧幻城》	80.63	江西	《寻梦牡丹亭》	17.35
浙江	《宋城千古情》	39.57	上海	《天幕水极》	14.91
湖北	《知音号》	25.77	福建	《印象·大红袍》	13.96
云南	《丽江千古情》	25.58	河南	《大宋·东京梦华》	10.57
陕西	《驼铃传奇》	24.23	广西	《印象·刘三姐》	8.70
甘肃	《又见敦煌》	22.91	浙江	《最忆是杭州》	7.84
陕西	《黄河大合唱》	22.24	江西	《寻梦滕王阁》	6.62

续表

地点	名称	传播力指数	地点	名称	传播力指数
江苏	《红楼梦》	5.97	云南	《云南印象》	2.31
湖南	《张家界千古情》	5.89	河南	《禅宗少林·音乐大典》	2.13
云南	《丽水金沙》	5.05	重庆	《印象·武隆》	2.05
陕西	《大唐追梦》	4.46	湖南	《桃花源记》	2.03
浙江	《印象·西湖》	4.01	陕西	《二虎守长安》	1.75
陕西	《天汉传奇》	3.71	陕西	《长恨歌》	1.69
江苏	《梦回西楚王朝·千年之恋》	3.63	内蒙古	《千古马颂》	1.67
山西	《如梦晋阳》	3.17	江西	《寻梦龙虎山》	1.60
海南	《三亚千古情》	3.05	贵州	《西江盛典》	1.60
湖南	《炭河千古情》	2.97	新疆	《昆仑之约》	1.40
山东	《中华泰山·封禅大典》	2.85	河北	《鼎盛王朝·康熙大典》	1.37
云南	《印象·丽江》	2.65	江苏	《南京喜事》	1.27
江西	《梦里老家》	2.51	甘肃	《回道张掖》	1.17
江苏	《天仙缘》	2.46	安徽	《宏村阿菊》	1.17
四川	《九寨千古情》	2.42	山西	《再回相府》	1.11

注：传播力指数 1.00 以下文旅演艺剧不予显示

二、哔哩哔哩平台个案分析

1.《只有河南·戏剧幻城》

根据哔哩哔哩平台传播力指数榜单，《只有河南·戏剧幻城》传播力指数排名第二，视频数量达到 381 条（视频数量远超传播力指数排名第一的《只有爱·戏剧幻城》，数量为 223）。2021 年首届文化新空间·中国文化产业高峰论坛发布中国文化新空间吸引力 TOP 榜单，《只有河南·戏剧幻城》获 2021 文化新空间·中国文化·年度创新贡献力作品奖项。《只有河南·戏剧幻城》是由建业集团和王潮歌导演共同打造，有 21 个剧场，是中国最大的戏剧聚落群（见图 2-5-1）。

图 2-5-1 《只有河南·戏剧幻城》建筑整体截图

《只有河南·戏剧幻城》在哔哩哔哩平台上的官方账号定期发布视频，账号活跃度高。哔哩哔哩知名 UP 主加盟促进了文旅演艺剧视频的传播。例如，哔哩哔哩知名 UP 主"二更视频"（54.9 万粉丝量）、"意外艺术"（33.6 万粉丝量）发布的相关视频分别获得 18.1 万、6.5 万播放量。游客自发上传 Vlog 旅游视频也极大推动了《只有河南·戏剧幻城》的传播。例如，粉丝数量仅 10 人、投稿数仅 5 条的游客"小旅兔"发布的河南戏剧幻城旅拍视频获得 1.9 万播放量。《只有河南·戏剧幻城》相关视频评论以河南文化自豪感、历史文化底蕴为主。

河南文化"出圈"，尽显文化自信。从 2021 年初河南省博物院推出的文创产品"考古盲盒"到河南卫视春晚节目"唐宫夜宴"、清明节舞蹈节目

"纸扇书生"、端午节水下舞蹈节目"祈"等,河南作为中原文明代表,其深厚历史底蕴对游客有强吸引力。《只有河南·戏剧幻城》在此背景下推出,依托河南厚重历史文化背景,以独立戏剧形式展现,独特的"棋盘格建筑",56个独立空间,并与河南卫视联动推出系列歌舞,吸引游客打卡分享(见图2-5-2)。

图2-5-2 《只有河南·戏剧幻城》哔哩哔哩平台上的截图

2.《知音号》

《知音号》在哔哩哔哩平台上的传播力排行榜上位列第四名,哔哩哔哩传播力指数为25.76,综合排名为第五名,综合多个平台传播力指数为38.27。《知音号》在哔哩哔哩平台上的表现与全网整体表现较一致,在哔哩哔哩平台上有237条视频数据,视频封面吸引力强,观看人数多。

《知音号》是由樊跃导演的长江首部漂移式多维体验剧，游客可以登上最能体现 20 世纪 30 年代时代特色、容纳 1008 人的大型主题观光游轮观看表演。游轮剧场兼具怀旧和现代两种风格，剧目随游轮行驶改换故事情境（见图 2-5-3）。观众通过沉浸式观剧体验，近距离感受武汉历史文化魅力，形式新颖，吸引力强。

图 2-5-3 "知音号"游轮内部场景之一

《知音号》交互式体验深受年轻人青睐，在哔哩哔哩平台上传播范围广。与其他文旅演艺剧不同，《知音号》标题"游轮""国风""剧本杀""民国场景"等话题词汇自带流量。《知音号》是网红城市武汉着力推出的文化名片，融合多种当代年轻人喜欢的元素，将武汉文化融入新奇游轮体验，以形式创新和内容创新出圈。《知音号》抓住年轻一代消费者消费偏好，以新形式展示武汉历史文化，用体验型实景剧推动武汉城市形象构建。

三、哔哩哔哩平台特征呈现

1. "只有"系列、"千古情"系列排名靠前，用户关注度高

"只有"系列文旅演艺剧是王潮歌导演的戏剧，修建"幻城"建筑，同时上演多部戏剧，结合当地特色历史文化资源，为观众带来沉浸化感受，深受观众喜爱。在哔哩哔哩平台上网络传播力前10的文旅演艺剧中，"只有"系列占据前两名，分别是《只有爱·戏剧幻城》和《只有河南·戏剧幻城》。两部文旅演艺剧传播力指数均超过80，以极大优势远超第三名。《只有爱·戏剧幻城》相关视频在哔哩哔哩平台上的点赞量共达8.9万，《只有河南·戏剧幻城》点赞量达到7万多，深受哔哩哔哩用户欢迎。

"千古情"系列演艺作品是黄巧灵导演、宋城集团出品的文旅演艺剧，通过歌舞形式让观众感受演出地的千年历史文化，目前已在西安、三亚、丽江等11地公开演出。在哔哩哔哩平台上网络传播力前10的文旅演艺剧中，"千古情"系列剧有两部，分别是《宋城千古情》《丽江千古情》。《宋城千古情》在哔哩哔哩平台上有461条相关视频，获赞2970次；《丽江千古情》有286条相关视频，获赞3324次，表现较好。

2. 明星加盟提升B站文旅演艺剧传播力

哔哩哔哩上传播力指数排名第一的是文旅演艺剧《只有爱·戏剧幻城》，周深为其演唱主题曲《毒药》和《只有爱》。知名音乐人提升了该剧的关注度与好评度。哔哩哔哩平台上一共搜索到224条《只有爱·戏剧幻城》文旅演艺剧相关视频，其中有119条视频标题中带有"周深"，122条视频底部标签中提到了"周深"。哔哩哔哩平台上的账号"周深资讯站"发布两条视频，标题为《周深：王潮歌导演作品〈只有爱·戏剧幻城〉云首演直播全程回放》和《周深："只有爱""毒药"新歌首唱|〈只有爱·戏剧幻城〉云首演直播》，分别达到8.2万和30.2万播放量，总弹幕数达到

4041条和3807条,远超《只有爱·戏剧幻城》文旅演艺剧其他相关视频(见图2-5-4)。大量周深粉丝自发在哔哩哔哩平台上上传周深为《只有爱·戏剧幻城》文旅演艺剧演唱的主题曲,引发网民关注,促进了该文旅演艺剧的广泛传播。

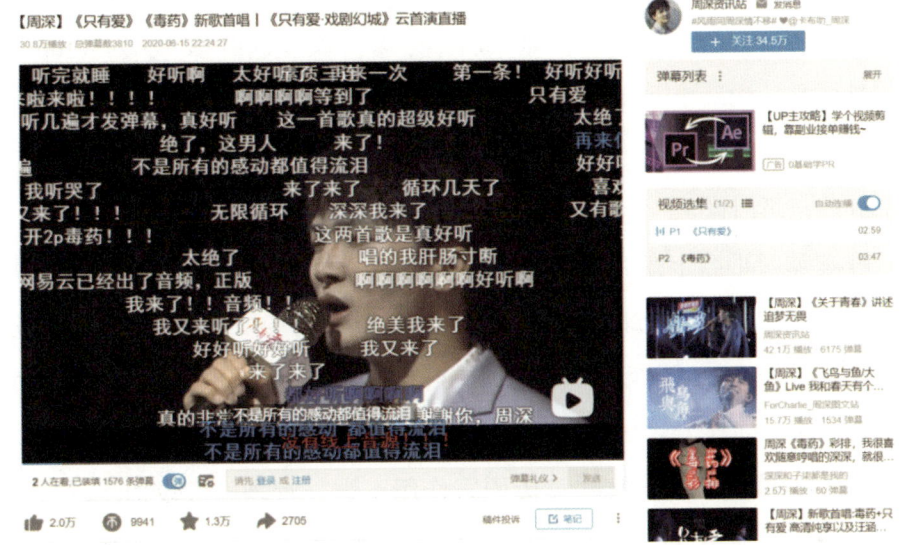

图2-5-4　哔哩哔哩平台上《只有爱·戏剧幻城》周深演唱画面截图

综艺节目《元气满满的哥哥》在《只有河南·戏剧幻城》文旅演艺剧场地取景拍摄,同样引起节目嘉宾和粉丝对《只有河南·戏剧幻城》的讨论。哔哩哔哩上带有"阿云嘎、戏剧幻城"标签的视频弹幕中就有该明星粉丝对河南戏剧幻城的讨论。明星可以为文旅演艺剧带来知名度和影响力,文旅演艺剧传播可借鉴参考,邀请明星助阵文旅演艺剧,通过其粉丝群体力量自发宣传推广,提高文旅演艺剧的影响力。

3. UGC旅游Vlog丰富文旅演艺剧传播形式,助力传播内容生产多元化

在哔哩哔哩平台上,90%以上的文旅演艺剧相关视频发布者为普通游客。视频内容主要为相关景点介绍、文旅演艺剧场精彩瞬间、旅游攻略、个人感受等，结合自身游览体验，情感真实，更易引起视频观看者共鸣。游客上传文旅演艺剧相关视频多使用"旅游 Vlog""生活"等视频标签，将话题范围从文旅演艺剧本身扩大到旅游、生活等，促进其传播。

哔哩哔哩董事长兼 CEO（首席执行官）陈睿出席 2021 年世界互联网大会时指出，"目前哔哩哔哩月均活跃用户达 2.37 亿，其中 18—35 岁用户占比 78%"，可见哔哩哔哩用户群体年轻，易于接受新鲜事物，对 Vlog 形式接受度高。Vlog 形式既丰富了文旅演艺剧的传播形式，以年轻人喜闻乐见的方式进行了广泛传播，又因拍摄手法简单降低了游客对文旅演艺剧精彩部分的记录门槛。

哔哩哔哩平台上既有时长 1—2 小时的文旅演艺剧全程录播，又有大量 10 分钟以内、数十秒的短视频。短视频多由游客自发上传，发布时间分散，画质不一，拍摄角度多样，画面前后衔接多变，丰富多样。UGC（用户原创内容）弥补了官方在哔哩哔哩平台上的宣传缺位。

4. 文旅演艺剧官方账号宣传引导作用不强，专题宣传较为匮乏

在哔哩哔哩平台上，仅有个别文旅演艺剧注册官方账号。哔哩哔哩平台上传播力指数排名前 5 的《只有爱·戏剧幻城》唯一官方内容来源是周深资讯号；《宋城千古情》无官方内容；《知音号》虽有哔哩哔哩账号，但是并无官方认证，粉丝数量少，仅 117 人，影响力低。该账号仅发布《知音号》主题视频 19 个，最后发布时间为 2018 年，发布数量少，频率低，并停更已久。其中官方宣传做得最好的是《只有河南·戏剧幻城》，不仅注册了官方账号，且账号较活跃。从注册账号起到数据抓取日期，该账号共发布主题视频 48 条，粉丝数 4571 人。发布的视频中，河南卫视相关节目播放量最大，涉及文旅演艺剧的视频除了《只有河南·戏剧幻城》主题曲部分最高播放量达到 3.3 万，标题为《就是这里吧？就是这里。这里是只有河南的"幻城"剧场》视频达到 1.8 万播放量（见图 2-5-5）。但是其余视频播放量均不到 3000，且弹幕数大多小于 20 条，与观众的互动不足。该

图 2-5-5 《只有河南·戏剧幻城》哔哩哔哩上的主页截图

账号发布《只有河南·戏剧幻城》主题视频标题文艺，但吸引力弱，反响平平。发布内容碎片化、平常化，并未形成专题宣传。其余文旅演艺剧则基本没有官方账号。

5. 知名 UP 主转发，增加剧目热度

哔哩哔哩平台知名 UP 主粉丝量大，粉丝黏度高，对文旅演艺剧视频传播起到较大促进作用，作为意见领袖扩大相关文旅演艺剧讨论声音。《丽江千古情》相关视频中拥有 13.2 万粉丝量的 UP 主"川乡小妹儿"于 2019 年 11 月发布的视频《到丽江看完千古情，还有小哥哥领着跳舞，小妹玩得最嗨皮》播放量达到 3.6 万，在《丽江千古情》文旅演艺剧相关视频中播放量最大。《驼铃传奇》相关视频中，"沸点视频"号发布的视频达到 59.5 万播放量，2 万点赞量，极大促进了相关文旅演艺剧的传播推广。

第六节　携程旅行平台网络传播力特征分析

携程旅行网是一站式旅行平台，向用户提供酒店预订、机票预订、度假预订等旅行业务，以及景点推荐、评价等咨询业务，用户交易数量超

1.35 亿，是国内具有代表性的旅行网站。文旅演艺剧是旅游景点的重要组成部分，分析携程旅行网中文旅演艺剧的用户评价，可以一定程度上反映文旅演艺剧在旅行网站上的影响力。

本报告在携程旅行网首页的搜索框内进行搜索，通过输入"文旅演艺剧名称（或文旅演艺剧名称+剧/文旅演艺剧名称+演出）"的方式对入选文旅演艺剧进行检索，统计截至 2021 年 11 月 7 日的全部评论信息，并对信息进行正负面判断，最后通过算法计算出文旅演艺剧在携程旅行平台上的网络传播力指数。

一、携程旅行平台网络传播力指数

在入选的文旅演艺剧（见表 2-6-1）中，携程旅行平台上网络传播力指数最高的 10 部文旅演艺剧依次是：《三亚千古情》《长恨歌》《印象·刘三姐》《最忆是杭州》《又见平遥》《印象·大红袍》《丽江千古情》《文成公主》《印象·普陀》《回道张掖》。

表 2-6-1　文旅演艺剧在携程旅行平台上的网络传播力指数

地点	名称	传播力指数	地点	名称	传播力指数
海南	《三亚千古情》	98.50	浙江	《印象·普陀》	30.82
陕西	《长恨歌》	78.01	甘肃	《回道张掖》	30.74
广西	《印象·刘三姐》	75.20	河南	《大宋·东京梦华》	28.80
浙江	《最忆是杭州》	52.30	河南	《只有河南·戏剧幻城》	28.69
山西	《又见平遥》	40.63	河北	《鼎盛王朝·康熙大典》	28.68
福建	《印象·大红袍》	36.28	四川	《九寨千古情》	28.59
云南	《丽江千古情》	33.91	陕西	《西安千古情》	28.51
西藏	《文成公主》	33.50	重庆	《印象·武隆》	28.31

续表

地点	名称	传播力指数	地点	名称	传播力指数
云南	《印象·丽江》	28.21	新疆	《昆仑之约》	24.06
甘肃	《又见敦煌》	27.19	内蒙古	《千古马颂》	23.88
山东	《中华泰山·封禅大典》	26.69	江西	《梦里老家》	23.88
湖北	《知音号》	26.40	江西	《寻梦滕王阁》	23.87
河南	《禅宗少林·音乐大典》	26.00	西藏	《金城公主》	23.68
江西	《寻梦龙虎山》	25.97	广西	《坐妹》	23.50
湖南	《张家界千古情》	25.79	四川	《今时今日安仁》	23.28
四川	《只有峨眉山·戏剧幻城》	25.57	陕西	《驼铃传奇》	23.09
安徽	《天仙配新传》	25.34	安徽	《宏村阿菊》	23.03
山西	《又见五台山》	25.13	山西	《如梦晋阳》	22.93
云南	《幻境2099》	25.06	湖南	《天门狐仙·新刘海砍樵》	22.89
江苏	《南京喜事》	25.03	江苏	《寻梦山塘》	22.80
湖南	《炭河千古情》	25.00	湖南	《桃花源记》	22.76
四川	《功夫峨眉》	25.00	浙江	《塘河夜画》	22.55
内蒙古	《契丹王朝》	24.93	陕西	《大唐追梦》	22.54
广东	《原乡》	24.91	广西	《寻根黄姚》	22.51
重庆	《巫山神女》	24.74	江西	《天下三清》	22.18
山西	《太行山上》	24.66	湖北	《草庐诸葛》	22.15
重庆	《归来三峡》	24.62	贵州	《西江盛典》	22.14
宁夏	《沙坡头盛典》	24.61	甘肃	《天下雄关》	22.02
广西	《花山》	24.30	天津	《天下·盘山》	21.59
山西	《再回相府》	24.29	山东	《金山佛谕》	21.56
浙江	《江清月近人》	24.28	四川	《道解都江堰》	21.32
陕西	《天汉传奇》	24.09	云南	《丽水金沙》	21.13
陕西	《武则天》	24.08	江西	《寻梦牡丹亭》	20.67

续表

地点	名称	传播力指数	地点	名称	传播力指数
云南	《希夷之大理》	20.17	广西	《漓水古越》	17.51
江西	《遇见武宁》	19.01	浙江	《火烧圆明园》	12.51

注：传播力指数1.00以下文旅演艺剧不予显示

二、携程旅行平台个案分析

1.《三亚千古情》

海南三亚的《三亚千古情》是携程旅行平台上传播力指数排名第一的文旅演艺剧，该剧在携程旅行网评分4.7分，评论17 511条，是海南省"五个一工程"奖旅游演艺作品。在内容上，该剧由"落笔洞""鹿回头""冼夫人""海上丝绸之路""鉴真东渡""美丽三亚"6个部分组成。该剧立足于三亚历史，以其崭新的舞台设计使整场演出突破传统空间与感觉界限，呈现出诗画般的美学感受（见图2-6-1）。

图2-6-1 携程旅行《三亚千古情》页面截图

从携程旅行用户的评论来看,该剧的视听效果,以及剧中呈现的三亚历史文化是打动观众的重要原因。名为"M47****3162"的用户在携程旅行上留言"从古到现代文明,演绎了黎族唯美的爱情故事,感人肺腑";名为"E07****59"的用户评论该剧是"极富民族特色的视听盛宴,是来三亚必看的歌舞秀,演出从海南人类文明发祥地'落笔洞'开篇,用歌舞、杂技等形式诉说了'鹿回头'的美丽传说,让人感受到三亚浓郁的椰风海韵气息"。

2.《长恨歌》

陕西西安的《长恨歌》是携程旅行平台上传播力指数排名第二的文旅演艺剧,该剧在携程旅行网评分 4.7 分,评论 12 776 条(见图 2-6-2)。《长恨歌》为大型山水历史舞剧,根据白居易同名叙事长诗改编,由 300 多名专业演员身着华丽的唐服出演,用舞蹈展现诗中记叙的经典桥段:盛唐时期,唐明皇召杨玉环入宫,至爱至宠;安禄山叛乱后,杨玉环在马嵬坡被逼迫而死,明皇肝肠寸断,最终魂魄升天,与爱妃在月宫相会。

图 2-6-2 携程旅行上《长恨歌》的页面截图

从携程旅行用户的评论来看，该剧演出效果较为理想，大量用户被剧中唐明皇与杨贵妃的爱情故事打动。名为"M24****2651"的携程旅行用户留言："演出非常精彩，美轮美奂，李隆基与杨贵妃的爱情故事凄美动人，舞台配套相当棒"；名为"M19****184"的用户评论："大唐盛世，由盛入衰，人生之悲欢离合，念天地之悠悠，独怆然而涕下。唐明皇和杨贵妃的凄美爱情故事，让人为之怜惜！"

3.《印象·刘三姐》

广西桂林市的《印象·刘三姐》是携程旅行平台上传播力指数排名第三的文旅演艺剧，该剧在携程旅行网评分 4.2 分，评论 12 735 条（见图 2-6-3）。《印象·刘三姐》是导演张艺谋、王潮歌、樊跃共同打造的"印象"系列大型实景演出之一，演出地点位于漓江与田家河交汇处，与书童山隔水相望。舞台是一片方圆两公里的漓江水域，背景是 12 座山峰。演出分为 7 个部分，以经典传说《刘三姐》的故事为题材，将其中经典的山歌、民族风情和漓江渔火用艺术形式表现出来。

从携程旅行用户的评论来看，该剧实景演出的戏剧形式受到观众的喜爱。名为"Sammy82"的用户评论："真是非常震撼，将当地民俗、自然景

图 2-6-3　携程旅行上《印象·刘三姐》的页面截图

观、人文故事融合在一起~场面非常大气、生动";名为"@~@瑶"的用户留言:"该景点值得一去,山水实景演出很精彩,歌声从水面飘来,伴随着梦幻的灯光秀,好像刘三姐撑着木筏缓缓而来,唱着山歌好比春江水。"

需要指出的是,该剧在携程旅行网上传播力表现突出,但差评数量同样较多,占总评论量的 8.9%。一方面,部分给出差评的用户认为,该剧没有与时俱进,用户名为"Ricky"的用户留言道:"10年前来看刘三姐,10年后还是在吃老本,看不下去了";另一方面,一些用户不满于该剧在正式开演前拍卖字画的商业营销,名为"M36****149"的用户评论:"开场10分钟卖字画,浓浓的商业感。"类似褒贬不一的剧并不止《印象·刘三姐》一部,这类剧往往人气较高,在文化内涵、演员表演等文化属性上得到观众的肯定,但在剧场环境、购票体验等服务环节也有批评声音。

三、携程旅行平台特征呈现

1. "印象"系列、"千古情"系列文旅演艺剧网络传播力排名靠前

从此次传播力调查榜单上携程旅行平台文旅演艺剧的总体排名来看,"印象"系列与"千古情"系列的文旅演艺剧在携程旅行平台上的网络传播力相对较强。

"印象"系列文旅演艺剧由张艺谋、王潮歌、樊跃导演,为大型山水实景演出,这类文旅演艺剧将地区独有的文化元素与独具特色的地方资源融合,受到观众喜爱。在携程旅行平台上网络传播力指数前 10 的文旅演艺剧中,"印象"系列有两部,分别是《印象·刘三姐》《印象·大红袍》。

"千古情"系列演艺作品是宋城集团出品的文旅演艺剧,由黄巧灵担任总导演,这类演出旨在通过歌舞形式让观众感受到演出地的千年史文化,目前已在西安、三亚、丽江等 11 地开办演出。在携程旅行平台上网络传播力指数前 10 的文旅演艺剧中,"千古情"系列剧有两部,分别是《三亚千

古情》《丽江千古情》。

2. 近半数文旅演艺剧信息未在携程旅行上出现

携程旅行网的评论是部分游客旅游规划时的重要参考，携程旅行平台中高评分、高评论量的文旅演艺剧一定程度上会带来更多潜在观众，对推广文旅演艺剧有重要意义。在本报告入选的144部文旅演艺剧中，携程旅行网上仅有其中73部文旅演艺剧的相关信息，《忆·真定》《遇见大庸》等71部文旅演艺剧信息则处于缺失状态，这降低了游客通过该渠道了解文旅演艺剧的可能性，一定程度上限制了文旅演艺剧的传播。

3. 携程旅行用户评价聚焦视听感受、文化内涵、剧票性价比

携程旅行网的用户评论是网友观剧体验的自由表达，其内容包含了观众对文旅演艺剧好恶的评价。从观众在携程旅行平台上的留言来看，评价往往围绕视听感受、文化底蕴、剧票性价比三个方面展开。

视听感受是文旅演艺剧作为戏剧艺术带给观众最直观的体验，在评论中，携程旅行用户常用"震撼""盛宴""壮观""大气磅礴"等词汇描述舞台效果宏大的文旅演艺剧带给他们的极致体验。例如，名为"iiicccy"的网友在评价《三亚千古情》时写道："三亚千古情的演出非常震撼，是我看过最好看的演出"；携程旅行用户"M32****673"用"从画面到灯光、音响都是一流，为观众提供了一场视频盛宴！"评价《最忆是杭州》。

同时，部分观众不满足于视听上的极致体验，剧目内容的文化内涵同样是他们评价文旅演艺剧的重要标准。例如，名为"M25****656"的携程旅行用户在评论《太行山上》时谈到，"是一部催人泪下的实景剧，值得观看"；名为"45812****16015"的用户评价《千古马颂》，"讲述了马背上的民族，人和马共同生活的历史渊源，到呼和浩特来算是值得一看的项目"。

剧票性价比是携程旅行用户在观剧后对剧票价格做出的综合性评价。由于观众自身的文化品位不同，经济条件存在差异，因此这一评价主观性较强，评价结果并不一致。如在《寻梦滕王阁》的评论中，用户

"M45****8370"认为该剧"性价比很高,门票很划算,下次还想带朋友去看看";而"320****685"则认为,该剧"不是很震撼,这个门票有点卖贵了,一百左右倒是还可以"(见图 2-6-4)。

320****6...　😒 3分 不错
　　有点失望,没有预期的效果好,没有什么特效,不是很震撼,这个门票有点卖贵了,一百左右还可以

2021-03-23

只是匆匆...　😊 5分 超棒
　　性价比高,景色不错,总体超赞,有趣好玩,
2021-02-21

图 2-6-4　携程旅行网上《寻梦滕王阁》评论截图

4. 购票渠道、座位选择是携程旅行网上观众经验分享的主要内容

除了表达用户自身对戏剧(景点)的好坏评价外,一些热心的携程旅行用户喜欢在评论区分享自己的旅游经验,为有旅游计划的网友提供参考。观察评论发现,购票渠道、座位选择是携程旅行用户经验分享的主要内容。

一些携程旅行用户会在评论区对比不同渠道的购票体验。例如,名为"m49****0282"的用户留言:"建议网上买票,比现场购票要便宜";名为"囧囧有神 5685"的用户谈到,"建议取票的时候可以晚一点去,因为你取得越早,你的座就越靠后"。

部分文旅演艺剧分座区售票,各座区票价不同,因此部分网友会在携程旅行上分享自己座位选择的经验。例如,名为"234****932"的用户在《最忆是杭州》的评论区留言"可以选座位,A3 区域在最中间,VIP 多 60 块钱,值得";用户名为"_m13****1165"的携程旅行用户在评论《丽水

金沙江》时谈到,"网上订 B 票,座位在二楼,倒数第二排中间位置,离舞台远,效果不太好"(见图 2-6-5)。

图 2-6-5　携程旅行平台上《最忆是杭州》评论截图

5. 剧作质量、观剧环境、购票体验是携程旅行用户给出差评的主要原因

携程旅行网站上,用户可根据自身的观剧体验对文旅演艺剧进行评分,评分在 1—5 分中分为五个等级,其中 1—2 分被网站视为差评评分。在携程旅行总评论量高于 100 条的文旅演艺剧中,《天门狐仙·新刘海砍樵》《驼铃传奇》《又见敦煌》三部文旅演艺剧的差评比例超过 10%。从差评内容来看,剧作质量、观剧环境、购票体验是引发携程旅行用户差评的主要原因。

以《又见敦煌》为例,该剧目差评较多,一方面是由于部分观众不认可该剧的剧作质量。名为"M25****5288"的用户留言:"演到后面很想睡觉,不知道想要表达什么";名为"300****896"的用户评论:"大多数人看完一头雾水,一个多小时想把整个敦煌历史讲完,结果乱七八糟"。另一方面,部分观众认为该剧观影环境存在安全隐患,因此给出低分。如用户"雷小七"谈到,"几百个人人挤人,人挨着人,一窝蜂从一个地方到另一地方,被踩了无数脚,管理一片混乱,极易发生踩踏";用户名为"_ZFB20****3862135"的用户留言道:"里面乱哄哄,人挤人,光线很暗,容易被推倒,不适合老人孩子,全无艺术气息,像在赶集"。

另一些观众对戏剧的不满来自购票体验,这些观众往往遭遇了买票贵、退票难等麻烦。例如,名为"M16****896"的携程旅行用户在《驼铃传奇》下留言道:"现场买套票才248,携程旅行单表演就要238,退票还收20%手续费,而且网页写得也不清楚,差评!";名为"M30****443"的用户谈到,"发现订错了,直接退不了,平台也没有订错票提醒,坑人"。

第三章 结论分析

一、排名情况分析

1.《只有爱·戏剧幻城》《丽江千古情》和《只有河南·戏剧幻城》位列网络传播力综合指数前三，榜单排名前 20 剧目中超过半数为系列文旅演艺剧

本研究汇集了 144 部国内文旅演艺剧在六个维度中 11 个指标的数据。网络传播力指数最高的 10 部文旅演艺剧依次是《只有爱·戏剧幻城》《丽江千古情》《只有河南·戏剧幻城》《印象·刘三姐》《知音号》《三亚千古情》《宋城千古情》《又见敦煌》《又见平遥》《驼铃传奇》。

从网络传播力综合指数来看，综合指数数值位于［51—100］区间的剧目共 20 部，具体剧目见表 3-1。其中，系列类文旅演艺剧占据了 11 席，具体包括王潮歌导演的"只有"系列（进入前 20 的有《只有爱·戏剧幻城》《只有河南·戏剧幻城》《只有峨眉山·戏剧幻城》），"又见"系列（进入前 20 的有《又见敦煌》《又见平遥》），王潮歌与张艺谋等共同导演的"印象"系列（进入前 20 的有《印象·刘三姐》《印象·大红袍》），黄巧灵导演的"千古情"系列（进入前 20 的有《丽江千古情》《三亚千古情》《宋城千古情》《张家界千古情》）。作为文旅演艺剧的知名导演，王潮歌共 7 部作品进入综合指数排名前 10，一定程度上体现出导演对于剧目的宣传带动

作用。同时,综合指数前 20 的剧目中共有 11 部为系列类演艺作品。

在演出地方面,排名前 20 的文旅演艺剧的演出地较为分散,共来自 16 个省级行政单位。其中,云南、河南、陕西、江西各有两部网络传播力综合指数前 20 的文旅演艺剧在该省份演出,江苏、广西、湖北、海南、浙江、甘肃、山西、福建、宁夏、四川、重庆、湖南则各有一部(见表 3-1)。

表 3-1 网络传播力综合指数前 20

排名	名称	地点	排名	名称	地点
1	《只有爱·戏剧幻城》	江苏	11	《梦里老家》	江西
2	《丽江千古情》	云南	12	《长恨歌》	陕西
3	《只有河南·戏剧幻城》	河南	13	《印象·大红袍》	福建
4	《印象·刘三姐》	广西	14	《沙坡头盛典》	宁夏
5	《知音号》	湖北	15	《印象·丽江》	云南
6	《三亚千古情》	海南	16	《只有峨眉山·戏剧幻城》	四川
7	《宋城千古情》	浙江	17	《归来三峡》	重庆
8	《又见敦煌》	甘肃	18	《张家界千古情》	湖南
9	《又见平遥》	山西	19	《大宋·东京梦华》	河南
10	《驼铃传奇》	陕西	20	《寻梦牡丹亭》	江西

2. 不同剧目在不同平台上网络传播力差异较大,数据集中度不高

在 144 部入选的文旅演艺剧中,网络传播力综合指数的分布整体呈现"金字塔"形,即传播力较强的剧目数量较少,传播力较弱的剧目数量较多。

具体来看,网络传播力综合得分位于 [51—100] 之间的剧目共 20 部,而位于 [0—51] 的剧目数量则达到 124 部。同时,所有剧目网络传播力综合指数均值为 24.20,中位数为 15.57。

排名前 20 剧目中,过半剧目为系列文旅演艺剧作品,而网络传播力居中和尾部的剧目则大多为独立出品的作品。同时,传播力较强的剧目中有不少由如王潮歌（"又见"系列、"只有"系列等）、张艺谋（"印象"系列等）等行业内知名导演的制品，团队优势明显、宣传经验丰富，在演艺作品等整体传播力提升方面起到了重要作用。而网络传播力相对较弱的文旅演艺剧目，如《千古一帝·始皇东巡》《楼兰大迁徙》等，较多依靠地方政府和民间个人发起，剧目内容和剧目演出地的人文、地理等特色资源较为匹配，但制作和传播优势不突出。

二、基于拉斯韦尔 5W 模型的传播策略分析

研究者依据拉斯韦尔 5W 传播模型对文旅演艺剧的传播策略进行分析，也就是文旅演艺剧在传播过程中的五个基本构成要素：谁（Who）、说什么（Says What）、通过什么渠道（In Which Channel）、对谁（To Whom）说、取得什么效果（With What Effect），即"5W"模式。这个简明而清晰的模型是传播过程模式中的经典，研究者从该传播模型出发来探讨我国文旅演艺剧的传播策略。

1.（Who）传播主体策略分析

（1）名人效应赋能文旅演艺剧在微博平台的传播，微博意见领袖正向提升文旅演艺剧关注度。

调查数据显示，名人效应在文旅演艺剧宣传中体现出较为明显的正向传播效果。在微博平台中，高转发、高点赞量的博文多由粉丝数超过百万的大 V 发布，作为旅游、文艺、戏剧等细分领域的意见领袖，这些博主在粉丝中具有较高的可信度和较强的影响力。此外，微博平台具有较为突出的粉丝文化特点，在一些有当红明星艺人参与的文旅演艺剧微博和话题中，粉丝的积极参与使得文旅演艺剧的话题讨论量和阅读量显著提升。在当红明星艺人参与的文旅演艺剧微博和话题中，粉丝的积极参与也提升了相关文旅演艺剧的话题讨论量和阅读量，比如微博平台上传播力指数排名第一

的《只有爱·戏剧幻城》邀请著名歌手周深演唱主题曲，用音乐增加文旅演艺剧的知名度。该剧目位于江苏荷兰花海景区，流量艺人杨超越是荷兰花海旅游形象推广大使，凭借人气艺人强大号召力提升了剧目的知名度。

（2）三大短视频平台上个人用户成为文旅演艺剧宣发的重要传播主体。

除官方账号发布的内容外，个人用户上传视频在文旅演艺剧宣传推广中同样起到了重要作用。演员个人、旅游播主、普通游客等发布视频，一定程度上弥补了部分文旅演艺剧没有官方发声渠道的缺憾，有助于提升相关文旅演艺剧的关注度和传播力。例如，《宋城千古情》在三个短视频平台上均表现突出，榜单中排名靠前。抖音平台中，《宋城千古情》点赞量在1万以上的视频共有17个，其中8个为演员个人账号发布的视频，占比47%，主要内容为实景剧演出的画面记录。快手平台中，点赞量排名前10的视频里5条是旅行博主拍摄的视频，4条为普通游客发布的旅行记录视频。其中旅行博主拍摄的视频主要为旅游攻略或旅行记录，制作精美，视频质量高，提高了《宋城千古情》的网络知名度。

2.（Says What）传播内容策略分析

（1）"只有"系列、"千古情"系列文旅演艺剧排名靠前，剧目联动形成品牌效应。

"只有"系列、"千古情"系列文旅演艺剧依托所在景点的关注度，与同系列文旅演艺剧联动形成品牌效应，以相同命名的方式呈现，获得了更多流量。此类文旅演艺剧凭借景区的高知名度和简单易识别的剧名，更容易在短视频平台获得更高的讨论度。

在2021年中国文旅演艺剧抖音平台上网络传播力指数前10名中，"只有"系列和"千古情"系列共5部，其中《丽江千古情》《宋城千古情》进入了前三名。快手平台上网络传播力指数前10名中，"只有"系列和"千古情"系列共6部，其中《宋城千古情》位列第二名，《只有河南·戏剧幻城》位列第三名。B站平台上网络传播力指数前10名中，"只有"系列和

"千古情"系列共4部,其中《只有爱·戏剧幻城》《只有河南·戏剧幻城》《宋城千古情》位列前三。其他文旅演艺剧或许可在一定程度上借鉴"只有"系列、"千古情"系列的传播策略,与其他景区联动,形成品牌效应,以达到更好的传播效果。

(2)文旅演艺剧在百度资讯平台上的报道以文字为主,内容同质化现象较为明显。

在百度资讯平台上,主要的信息来源为各媒体的新闻报道和部分个人用户上传发布的内容。以文旅演艺剧目名称为关键词进行搜索,往往能得到几页乃至几十页的搜索结果。与此同时,绝大部分报道仍以文字或"文字+图片"为主要表现形式,仅有部分剧目有一定的视频内容推荐和官网接入渠道。文旅演艺剧出品方、运营方可以提供更多剧目相关物料。除剧照、海报、视频外,演出实景、观众互动以及一些演出花絮也能丰富目前通稿式报道为主的单一形式。同时,包括文旅演艺剧制作官方在内的报道主体可以探索包括图片、短视频、动画、H5等更多的信息载体呈现在搜索界面上的可能。除了百度资讯平台,文旅演艺剧官方宣传团队在百度百科、百度贴吧等细分平台的宣传与传播同样应该得到重视。

(3)非官方主体生产的旅游类视频丰富了文旅演艺剧的传播内容,但部分视频质量有待提高。

研究者发现,短视频平台上的旅游类视频可以大体分为两类,一类是旅游攻略类视频,另一类是普通游客在观看文旅演艺剧过程中拍摄的视频。前者视频质量高,制作精良,图文资料丰富,配有字幕,解说充分,播放量和互动量都较高。后者是观众在旅游过程中拍摄的视频,主要内容是实景剧演出片段,大部分拍摄比较随意,视频质量粗糙,无法为其他观众提供更有效的信息,因此播放量和点赞数相对较低。

以快手平台上传播力指数排名第三的《只有河南·戏剧幻城》文旅演艺剧为例,点赞量最高的视频是"鹏叔玩郑州"发布的旅游攻略类视频,视频中详细介绍了戏剧幻城的规模、构成、实景剧表演,获得了 2.4 万点赞(见图 3-1)。反观普通游客拍摄的视频,尽管视频数量较多,但因视频质量不高,仅能获得个位数、两位数点赞。旅游类视频整体上丰富了文旅演艺剧的传播内容,提高了相应剧目的传播力,但部分游客拍摄的视频质量堪忧,需要提高视频质量才能实现更好的传播效果。

图 3-1 "鹏叔玩郑州"视频截图

3.(In Which Channel)传播渠道策略分析

(1)文旅演艺剧在三大短视频平台上的分发传播平台特征差异明显。

抖音、快手、哔哩哔哩三大短视频平台定位不同,抖音定位是"短视频社交平台",快手为"全民生活分享平台",哔哩哔哩则是"年轻人的潮流文化娱乐社区"。不同平台在产品属性、算法推荐等方面各有特色,也使得同一剧目在不同平台上的传播特点有较大差异。抖音平台遵循爆款逻辑,流量向头部账号倾斜,3% 的头部视频占据了 80% 的用户播放量。文旅演艺剧的官方账号经过抖音平台认证,粉丝数量较多,视频质量较高,与演员个人、游客账号相比,能够获得更多的流量支持,是在抖音平台的重要传播主体。快手平台遵循普惠原则,也就是以创作者为主,通过头部流量调控等方式，保证每个普通用户发布的内容都能被展示。旅游播主、普通游客在快手上发布的大量 UGC 视频，推动了文旅演艺剧在该平台的宣传推广。哔哩哔哩去中心化明显，采用公平的流量分配机制，对游客账号发布的内容友好。不过，文旅演艺剧运营主体对通过哔哩哔哩进行宣传的意识不强，仅个别文旅演艺剧运营方注册了官方账号。

（2）微博为文旅演艺剧提供话题营销传播平台，超两成的文旅演艺剧错失微博宣传阵地。

微博话题标签可以吸引具有相同兴趣的用户群体，汇集传播声量，增加相关话题或事件的平台热度。从排名情况来看，微博平台上传播力指数排名前三的文旅演艺剧《只有爱·戏剧幻城》《又见敦煌》《知音号》尤其重视微博平台的话题营销传播。《只有爱·戏剧幻城》主要是利用名人效应与微博平台粉丝文化的契合度进行关联营销；《又见敦煌》主要是将该剧目与敦煌本地传统文化密切联系起来，充分发挥敦煌本地特色，在交流中加深观众对剧目的了解；《知音号》官方微博重视与用户互动，在演出纪念日等特殊节日进行宣传营销。微博平台中的良好传播效果可以提升用户的线上关注度，并有可能进一步转化为线下的实际购买观剧行为。在入选本报告的 144 部文旅演艺剧中，有 30 部文旅演艺剧无法在微博平台上搜到相关信息，这减少了用户通过微博平台了解相关文旅演艺剧的机会，一定程度上降低了文旅演艺剧的传播影响力。

（3）与抖音平台相比，文旅演艺剧官方对快手、哔哩哔哩等短视频平台的重视程度不足。

作为权威发声渠道，官方账号对文旅演艺剧在短视频平台上的传播推广起重要作用。官方账号建设的缺失极大降低了文旅演艺剧的传播力。研究者将文旅演艺剧在抖音、快手、哔哩哔哩三大平台上的传播情况进行了对比发现，在本次传播力榜单涵盖的 144 个文旅演艺剧目中，有 85% 的剧目可以在抖音平台检索到，62% 的剧目可在哔哩哔哩检索到，而在快手平台上，仅 51% 的剧目可以检索到。与抖音平台相比，文旅演艺剧官方对快手和哔哩哔哩的重视程度不足，应进一步加强这两个平台的账号建设，以增强相关剧目的传播力。

以《丽江千古情》为例，其抖音官方账号拥有 27.8 万粉丝，获赞 119.7 万，发布作品 116 个，更新频率为一周固定三至四次，主要发布演出画面、演员日常等视频，重视与网友的评论和互动（见图 3-2、图 3-3）。《丽江千古情》快手官方账号仅有 606 个粉丝，发布作品数量 54 个，更新时间并不规律；《丽江千古情》在哔哩哔哩并未注册官方账号。由此可见，文旅演艺剧官方对快手、哔哩哔哩平台重视程度不足，究其原因，可能抖音的平台特征与用户特征更适合文旅演艺剧官方宣传，也可能是受到时间成本、人力成本等现实因素的限制。快手、哔哩哔哩等平台拥有庞大的受众群体，仍是文旅演艺剧官方不可忽视的宣传阵地，建议文旅演艺剧相关宣发主体进一步加强类似头部短视频平台的账号建设与运营。

图 3-2 《丽江千古情》官方抖音账号截图

图 3-3 《丽江千古情》官方账号与网友互动截图

（4）文旅演艺剧运营方应补全携程旅行平台上的文旅演艺剧信息，扩大文旅演艺剧的品牌传播广度。

携程旅行网是国内有代表性的旅行网站，一些网友也会通过在该网站搜索文旅演艺剧词条来了解文旅演艺剧的相关信息，平台中的简介、评分、评论是一些网友在进行剧目选择时的重要参考信息，平台上文旅演艺剧的评分情况、评论数量情况会在一定程度上影响潜在购买者的购买决策。但目前，携程旅行平台上相当数量的文旅演艺剧信息缺失，在入选本报告的144部文旅演艺剧中，有69部文旅演艺剧在携程旅行网上的相关信息完全缺失，这减少了游客通过该平台了解文旅演艺剧的机会，一定程度上降低了文旅演艺剧的传播力。

4.（To Whom）传播受众策略分析

文旅演艺剧账号运营主体真实性难以辨别，影响权威信息发布。百度资讯平台信息庞杂，用户筛选、比对和提取有用信息时也面临着困难。目前，百度搜索的信息检索机制仍以关键词、发布时间、内容格式为主。从文旅演艺剧目在百度资讯平台的传播情况来看，在用户对文旅演艺剧的剧目名称进行搜索时，较难判断词条信息、官方账号的真实性，这也使得用户对演出内容、演出时间、票价等关键信息的获取存在困难。

文旅演艺剧制作方应高度重视官方主体账号的建设和宣传，及时、准确地向大众提供关于剧目的核心信息和新闻资讯。不仅如此，就文旅演艺剧而言，观众的反馈与讨论是剧目推广与反思的重要来源，也是受众对文旅演艺剧目形成"初次印象"的重要判断材料。文旅演艺剧官方应积极构建讨论空间，在官网、官方公众号等平台上引导、鼓励观众发表评价和提出疑问，持续、主动地为大众提供各方面信息服务和保障，以形成综合、立体的信息推荐环境，提高传播效果。

5.（With What Effect）传播效果方面

（1）微博用户的负面评价影响传播效果，但较少得到官方正面回应，应引起重视。

在微博平台上，也有部分观众对剧情内容、服化道、环节设置等方面提出批评；部分用户对文旅演艺剧及所在景点影响当地正常生活表示不满，甚至将对主办方的负面情绪投射到文旅演艺剧本身。观众对大IP剧的关注度更高，但如果文旅演艺剧的创新演绎无法满足原有观众基础的预期，负面舆情声量也更大。在微博这个较为开放的平台上，文旅演艺剧运营人员可以及时监测到用户对文旅演艺剧的种种负面舆情，只有重视网络舆情反馈，耐心了解观众真实评价，有针对性地采取调整和解决措施，才能把舆论危机转化为宣传契机。

（2）大部分文旅演艺剧在携程旅行平台上的评分情况较为乐观，好评聚焦视听感受、文化内涵等方面，差评聚焦剧作质量、安全隐患等方面。

在携程旅行平台上，用户可根据自身的观剧体验对文旅演艺剧进行评分，评分在1—5分中分为五个等级，其中1—2分被网站视为差评。从评分情况来看，大部分文旅演艺剧在携程旅行平台上的评分情况较为乐观，在有评分的 71 部文旅演艺剧中，97% 的文旅演艺剧评分在 4.0 以上；在总评论量高于 100 条的文旅演艺剧中，仅有《天门狐仙·新刘海砍樵》《驼铃传奇》《又见敦煌》三部文旅演艺剧的差评比例超过 10%。总体而言，评分较高的网友在评论区的留言内容聚焦文旅演艺剧的视听感受、文化内涵、剧票性价比等方面；而给出差评的网友往往是对剧作质量感到不满，或遭遇了买票贵、退票难等问题，一些网友在差评中指出个别文旅演艺剧存在安全隐患，应引起重视。

附　录

立足艺科交汇新领域　开拓文旅融合新赛道

——《2021年中国文旅演艺剧网络传播力报告》会议综述

武　萌　田　晔*

[摘要] 2022年3月12日，北京师范大学艺术科技融合创新中心在北京师范大学田家炳艺术楼何思敬讲堂成功举办《2021年中国文旅演艺剧网络传播力报告》发布会。本次发布会会聚来自多个学科领域的领导和专家，以"2021年中国文旅演艺剧网络传播力报告"为中心，就文化和旅游的深度融合展开交流与讨论。文章从思想价值、艺术价值、市场价值三个方面对此次发布会的成果进行了总结阐述，并探讨了如何从艺术与科技的交汇领域促进文化与旅游的深层次融合。

[关键词] 文旅演艺剧　网络传播力　文旅融合

---

* 武萌，北京师范大学艺术科技融合创新中心秘书长，艺术与传媒学院讲师，博士，硕士研究生导师，研究方向：中国民族民间舞教学、传统舞蹈舞台化再创作动机研究。田晔，北京师范大学艺术与传媒学院2020级博士生，研究方向：电视与新媒体艺术研究、文化传播。

文化和旅游部印发的《"十四五"文化和旅游发展规划》（简称《规划》）是落实《中华人民共和国国民经济和社会发展第十四个五年规划和2035年远景目标纲要》和文化强国战略的具体体现。《规划》提出，坚持"以文塑旅、以旅彰文"，推动文化和旅游融合发展，以文化引领旅游发展、用旅游促进文化繁荣，推动文化和旅游工作开创新局面，为建成社会主义文化强国、建设社会主义现代化国家作出新的更大贡献。

为贯彻落实《"十四五"文化和旅游发展规划》的重要指示精神，助力文化和旅游融合发展，北京师范大学艺术科技融合创新中心启动《2021年中国文旅演艺剧网络传播力报告》（简称《报告》）项目，并于2022年3月12日在北京师范大学田家炳艺术楼何思敬讲堂成功举办发布会。北京师范大学副校长周作宇，中国旅游研究院（文化和旅游部数据中心）院长戴斌，文化和旅游部全国公共文化发展中心主任白雪华，北京东城文化发展研究院副秘书长、东城区文化发展促进中心主任李嘉，北京理工大学计算机学院书记、数字表演仿真实验室主任丁刚毅，中国电影资料馆电影文化研究部主任、研究员左衡，国家一级舞美设计、中国舞台美术学会灯光专业委员会常务副主任任冬生，业界代表北京锋尚世纪文化传媒股份公司董事长沙晓岚及哔哩哔哩公共政策研究院院长谷雨等来自多个学科领域的领导和专家齐聚一堂（见图1）。

图1 "2021年中国文旅演艺剧网络传播力报告"会议开幕现场

《报告》首次系统地提出"文旅演艺剧"的概念,前期通过大数据挖掘抓取了1000多部样本进行多维度考量,最终筛选出2020年10月1日至2021年9月30日在中国26个省市演出的144部文旅演艺剧,对其网络传播力进行评估。

《报告》从旅游导向、文化导向、品牌IP导向三个维度,按照专家法构建指标体系对百度资讯、新浪微博、抖音、快手、哔哩哔哩、携程旅行等六个平台中的数据进行综合模型计算分析,得出文旅演艺剧网络传播力综合指数与排名,形成2021年中国文旅演艺剧传播力榜单,客观呈现文旅融合背景下文旅演艺剧的网络传播效果。《报告》显示,在网络传播力综合指数排名前10的剧目依次是《只有爱·戏剧幻城》《丽江千古情》《只有河南·戏剧幻城》《印象·刘三姐》《知音号》《三亚千古情》《宋城千古情》《又见敦煌》《又见平遥》《驼铃传奇》。

一、思想价值:以人民为中心,坚定文化自信

随着《报告》宣传片"最具网络传播力的作品"的播出,本次发布会正式拉开帷幕。短片凝聚家喻户晓、耳熟能详的经典作品,以及近两年推出的新创之作,可谓用艺术点亮了文化和旅游深度融合的前进方向,也指出文旅演艺剧之于文化旅游发展的重要意义。推动文化旅游融合高质量发展,满足人民美好生活的新期待,始终要紧扣文艺的"人民性",强调以人民为中心,不断书写生生不息的人民史诗。

北京师范大学副校长周作宇在致辞中首先对《报告》的发布表示祝贺,并对其价值意义给予充分肯定。他指出在《"十四五"文化和旅游发展规划》的指引下,文化和旅游工作大有可为。系统整体全方位地关注文旅产业、推动文旅融合发展,对于促进国家和社会的发展、满足人民的需求以及提高学科竞争力,无疑具有重大的战略意义。北京师范大学作为拥有深

厚文化积淀与历史文脉的高等学府，承担着不可推卸的责任与使命，北京师范大学将一如既往地心怀国之大者，以新时代文化传播者为己任，充分发挥学校优势，积极开展学术交流对话，探讨数字时代文旅产业融合发展的新趋势、新特点，通过交叉性、综合性的研究为文化和旅游的深度融合积极赋能，相信未来在业界和国内外会产生重要影响。

中国旅游研究院（文化和旅游部数据中心）院长戴斌总结出三个观点：第一，以演艺为代表的文化娱乐是大众旅游进入全面发展新时代日益增长的新需求；第二，要以人民为中心，让旅游成为文化事业、文化产业创新发展的全新动能；第三，要推动文旅演艺剧成为文化和旅游融合发展的全新路径，这既是大众的新需求，又是产业发展的新动能。因此，解决文化和旅游深度融合的问题，就需要深化文旅演艺剧的理论内涵，进一步丰富文旅演艺剧的类型和范围，在产业化的轨道上构建旅游与文化的新场景。

文化和旅游部全国公共文化发展中心主任白雪华从全国公共文化发展中心与北京师范大学达成的战略合作基础出发，表示不仅要将文旅产业相融，更要将艺术融入其中，在传承历史文脉的基础上坚定文化自信、涵养家国情怀。文旅演艺剧应该注重挖掘当地人文底蕴，与时代同频共振，讲好中国故事，让景区的公共文化变得更加有吸引力、有色彩以及有温度，为大众留下深刻印象。他认为，未来会把文旅演艺剧这种高质量的供给内容填充到公共文化服务方面，同时也会与民族民俗文化旅游示范区等各项工作深度结合。

二、艺术价值：不忘文以载道，扩大传播场域

《报告》由北京师范大学艺术与传媒学院、北京师范大学新闻传播学院、北京师范大学艺术科技融合创新中心、北京师范大学新媒体传播研究中心联合发布。《报告》编制全国文旅演艺剧的精品目录，科学合理设置

定量与定性相结合的评价指标,规范和推动全国文旅演艺剧品牌排行榜的设立。

北京师范大学艺术与传媒学院院长、艺术科技融合创新中心主任肖向荣教授从自身创作经验中得到启示,认为艺术创作不能脱离人民群众,群众的智慧是无限的。肖向荣教授围绕《报告》的研究背景、指标排名和特征分析三部分为本次《报告》发布会做主旨演讲。

首先,文旅演艺剧目前呈现两个矛盾:一是不断提升的人民精神需求与相对固化的文旅演艺之间不平衡的矛盾;二是文旅演艺产业略显单一的传播方式与新型的互联网传播渠道之间不相适应的矛盾。立足于这样的问题与思考,对文旅演艺剧进行概念界定。如今,文旅演艺剧进入5.0时代,文旅演艺剧呈现出以观众为视角,以人民为中心,多渠融合,推进传统文化的创新性转化,扩大文化传播场域,形成"高耦合、高内聚"的发展特征。

肖向荣教授指出,弘扬传统文化、民族精神,实现当地"文化"产业化的活态传承,以及"产业"文化化的可持续发展,是文旅演艺剧不可推卸的责任。文以载道,以"剧"化人,文旅演艺剧以文旅融合为抓手,通过寓教于乐的方式统筹事业、产业和资源,紧扣时代脉搏,不断丰富文旅融合的发展链条。

其次,通过对《报告》的细致分析可以发现,从网络传播力综合指数来看,品牌IP系列剧网络传播力较强,剧目联动形成品牌效应,团队优势明显、宣传经验丰富,在演艺作品等整体传播力提升方面起到了重要作用;在传播主体策略分析方面,各平台的个人用户成为文旅演艺剧宣发的重要传播主体,旅游、文艺、戏剧等细分领域的意见领袖能够正向提升文旅演艺剧的关注度,在粉丝中具有较高的可信度和较强的影响力;从传播平台来看,不同平台在产品属性、算法推荐等方面各有特色,也使得同一剧目在不同平台的传播特点有较大差异。

最后,《报告》指出文旅演艺剧发展中存在的问题。目前虽然体量在逐年增加,但精品项目依旧稀缺,马太效应较为凸显,演艺作品大多缺乏文化内涵,对红色文化、中华优秀传统文化题材的挖掘不足,演出质量良莠不齐。在产业方面,文旅演艺整体产业链不够完善,有大量优秀的山水实景旅游资源尚未完全开发,管理服务体系不够健全,文旅演艺剧的存活期相对较短。与微博、百度资讯、携程旅行等资讯平台相比,文旅演艺剧官方对快手、哔哩哔哩、抖音等新型短视频平台的重视程度相对不足。从演艺形态方面看,随着目前国内文旅消费呈现年轻化、国际化趋势,审美水平和对产品的要求不断提升,大多数的文旅演艺剧在艺术与科技融合方面的整体显示度不够,对消费者审美和互动体验感方面重视不足,整体呈现出不相适应的矛盾。

北京师范大学新闻传播学院执行院长、新媒体传播研究中心主任张洪忠教授作为本次发布会联合发布人,从研究方法出发充分阐述《报告》的研究对象、研究平台的选择缘由,最终确定百度资讯、新浪微博、抖音、快手、哔哩哔哩和携程旅行等六个媒体平台的数据。张洪忠教授指出,平台的权重指标、算法公式及网络评价是数据分析的重点,以此反映出中国文旅市场、文化消费对于当前文化供给的积极状态。

三、市场价值:撬动行业革新,探索多元路径

本次会议会集业界、学界的专家学者,共同围绕新时代背景下文旅融合发展的新路径,以整个行业的实践情况为核心,进一步探讨如何通过学术性研究撬动行业新增长点,推动文旅演艺剧向更大、更好、更优发展(见图2)。

北京理工大学计算机学院书记、数字表演仿真实验室主任丁刚毅教授主要围绕传统文化和古迹的保护传承、创作以及传播展开论述。丁刚毅教授将

附 录

图2 "2021年中国文旅演艺剧网络传播力报告"论坛

文旅融合创新视为推动文旅深度融合的关键点，认为文化科技中最核心的概念是融合，文旅演艺剧应当根植文化的根。同时，从产品服务能力出发，指出认知空间是多维度的，文旅演艺剧面临科学技术的升级换代和文化的迭代传播，应关注到体验性、沉浸式、智能化以及知识性等全方位受众诉求，以此不仅达到激发创意、促进传播的目标，又能够反过来指导评价体系创新。

哔哩哔哩公共政策研究院院长谷雨老师指出，文旅演艺剧本身是文化和旅游的融合、艺术与科技的融合、多元文化的融合，因此文旅演艺剧在融合与创新中固根塑魂。谷雨老师作为平台的代表，根据几部文旅演艺剧在哔哩哔哩上的二次传播情况提出三点建议：一是文旅演艺剧在未来的传播发展更应该重视和平台的整体互动；二是改变文旅演艺剧二次创作的固化单一形式，与哔哩哔哩UP主、抖音和快手等平台进行深度合作，通过重新解读与再度创作赋予其全新生命力，建立平台方、UP主以及消费者之间互动融合的桥梁；三是从平台和草根的创意灵感中汲取养分，利用弹幕、留言以及评论等互动形式刺激创作灵感。

国家一级舞美设计、中国舞台美术学会灯光专业委员会常务副主任任冬生老师指出，传统文旅演艺剧从硬装备到现在开始更多地关注小型化、精致化和区域化，甚至于城市化或者特定的空间化，这是一个巨大的转型和转向。现如今，演艺投资的方式、方向以及态度较之以前发生重大变化，逐渐向半实景、半演艺以及半沉浸的形式发展。实际上，一个较好的IP可以直接通过商业运作的方式快速转变为一种演艺项目得以延展，由此推动演艺市场的多元化发展。

北京东城文化发展研究院副秘书长、东城区文化发展促进中心李嘉主任认为《报告》具有重要且必要的意义，特别是将文旅演艺剧作为一个单独产品，其概念之新有利于业界和学界的理念创新。李嘉主任结合东城区的文化长期规划提出，文旅演艺产业应当在盘活空间、更新业态以及利用资源等方面为城市更好地赋能。

北京锋尚世纪文化传媒股份有限公司副总裁郑俊杰认为，文旅演艺产业除了创意之外，应当建设商业模式和运营布局，通过区别大众消费和特定人群消费的细分市场方式，提升网络传播力和文化影响力，为文旅产业营造良性生态环境；还要充分利用电视、短视频等形式，打通平台壁垒，搭建具有爆发力、精准度以及广泛性的网络全媒体。期待未来文旅演艺剧的评判标准逐步形成体系化后，能够依托大数据挖掘，从消费端视角切入，对消费体验、内容体验以及品质体验等方面进行分析。

复兴文旅（北京）文化产业发展有限公司的总经理崔震认为，《报告》为企业的未来发展带来思考与反馈，对行业面临的问题发挥指导性作用。同时指出，文旅演艺剧作为文化消费产品，从线下体验到线上传播，在拥抱互联网的过程中，不仅应当利用技术，还应当通过持续深耕平台能力，精准服务用户需求，以年轻人喜闻乐见的方式进行传播，从而提升文旅演艺剧的品质口碑和有效传播。

中国电影资料馆电影文化研究部主任、研究员左衡主任围绕关键词

"延伸",从《报告》的延伸谈到文旅演艺剧产业形态的延伸,结合国外的历史案例和国内的本土情况,认为文旅演艺剧的未来发展可能从线下的景区和旅游空间延展成为另外一种叙事性产品。

各位专家和学者对《报告》的认识和期望方面达成高度共识,在多角度、多层次的论述文旅演艺剧应具备的内涵和未来的发展形态之后,现场记者进行了简短的提问交流。

在本次发布会最后,肖向荣教授总结了中国文旅演艺剧网络传播力研究的两重意义,一是基于国家需要,推广具有积极示范意义和社会文化效应的文旅演艺项目和作品,探索建立文旅演艺剧的分类评价体系;二是完善文旅演艺剧的定义,从学术研究出发,从更加公平、公正、客观的角度分析文旅产业发展的问题与策略,为政府、社会以及业界提供另外一种参照。肖向荣教授认为,对于国家社会需求和艺术创作实践而言,中国文旅演艺剧的网络传播力研究是一个重要的命题,受众需求因受到时代变迁的影响而不断变化,文旅演艺产业应当从多种变量中寻找恒定主题,即重新回归文化传播。

结语

在互联网和数字技术高速发展的时代,如何促进文化与旅游深层次融合,如何从艺术与科技的交汇领域发展出新的道路,是需要长期研究的复杂工程。《报告》首创的"文旅演艺剧"概念,既是对"文旅演艺"流变特征的梳理总结,更指出"文化赋能旅游"已由追求商业最大值转变为注重大众教育、民族文化以及国家形象,以更广的纬度、更新的格局,引起业界和学界的广泛关注,激发社会各界的讨论与探索,这是对"中国文旅演艺剧网络传播力"研究的一次有益尝试,也是整个研究的第一步。站在"十四五"规划的新起点,相信北京师范大学艺术科技融合创新中心在今后会为提升文化自信和国家软实力作出更大的贡献。

历史观·精品观·传播观：文艺评价体系视角下优秀文旅演艺剧的评判标准

肖向荣　杨禹琪*

[摘要] 文艺评价体系是新时代新征程上习近平总书记对文艺工作的新动员和新部署。文旅演艺创作者应当坚持"以人民为中心"的创作导向，始终把人民作为文艺的表现主体和对象。优秀的文旅演艺剧应当是思想精深、艺术精湛、制作精良的文艺精品，应当做到思想性、艺术性与观赏性的有机统一。同时，作为中国文化自信的展示窗口，文旅演艺剧应该讲好"中国故事"，成为建构国家形象与和提升中国文化国际影响力的重要表现形式之一。

[关键词] 文艺评价　文旅演艺剧　文化自信　精品意识

2021年6月，文化和旅游部发布的《"十四五"文化和旅游发展规划》中阐明了"十四五"文化和旅游发展的目标之一是"坚持以文塑旅、以旅彰文，推动文化和旅游深度融合、创新发展，培育文化和旅游融合发展新

---

* 肖向荣，教授，博士生导师，北京师范大学艺术与传媒学院院长，研究方向：现当代舞蹈创作研究与大型文艺创意研究。杨禹琪，硕士研究生，北京师范大学艺术科技融合创新中心科研助理，研究方向：电视与新媒体、文化传播。

业"。文化与旅游的关系在我国具有天然的耦合性、特殊性、关联性：一是国家政策和战略方针的不断推动与部署使得文化产业和旅游产业的融合发展愈来愈深入。2018年3月，国务院机构改革方案将原文化部、国家旅游局职责整合，组建文化和旅游部，此机构改革措施在供给类型和供给方式上将"诗"与"远方"真正有机结合在一起，为文化旅游的产业集群发展提供了现实依据；二是我国地域辽阔，历史文化悠久，在长期的历史发展中形成了多种多样的文化，随着文化资源的不断深入和挖掘，多元文化要素不断拓展，类型各异的文化旅游也就应运而生；三是随着我国人民收入的不断增加、庞大的人口基数积累及人民对美好生活需求的提升，高质量的文化旅游已经成为广大游客青睐有加的旅游方式。文旅演艺剧由最初的以提升旅游产业经济效益为目的的产品逐渐转向为以弘扬社会主义核心价值观、增强中国优秀传统文化传播力为导向的艺术精品，成为繁荣文化事业和旅游行业融合发展的新业态。

但随着文旅演艺产业的快速发展，其中存在的问题与矛盾也愈加突出，如演艺内容同质化现象严重，行业竞争"二八定律"明显，即目前文旅演艺行业20%的演艺项目作出了全行业80%的票房收入贡献，停演退市情况时有发生，产业发展存在着不充分与不平衡等问题。中国特色社会主义进入新的发展阶段，人民对美好生活的向往呈现多样化、多层次、多方面的特点，不断提升的人民精神需求与相对固化的文旅演艺之间存在不平衡的矛盾。同时，受到新冠肺炎疫情的影响，文旅演艺产业略显单一的传播方式与新型的互联网传播渠道之间也存在着不相适应的矛盾，文旅演艺产业在国家内循环为主的战略要求下进入了新一轮充满挑战与机遇的创新时代。因此，在新时代文旅融合背景下，如何实现文化演艺和旅游深度融合，开发高质量的文旅演艺精品，提升文旅演艺作品的传播力成为学界和业界共同关注的问题。

习近平总书记在中国文联十一大、中国作协十大开幕式上的重要讲话指出:"要发挥文艺界人民团体的专业优势,指导文学家、艺术家提高专业水平,建设更具权威性、公信力、影响力的文艺评价体系。"① 文艺评价体系是新时代新征程上习近平总书记对文艺工作的新动员和新部署。由此可见,发挥文艺批评的作用,建立一套科学的文艺评价体系是中国文旅演艺剧走向正确之途的指南针,是为当代文旅事业发展明确方向感、价值观和方法论的重要手段。文艺批评区别于一般的文艺欣赏,是以理性活动为基本内容的科学分析活动。从文艺批评的构成要素来看,文艺批评是由主体(批评者)、对象(创作者、作品及文艺现象)、工具(批评方法、批评标准)和作用(对创作者及受众的影响)四方面构成,形成推动文艺发展的整体合力。其中,批评者作为文艺批评的主体是展开批评与评价的基础,批评主体应当站在社会主义文艺的人民立场正确发声,坚持"以人民为中心"的评价导向,这是文艺批评的关键。而创作者、作品及文艺现象作为客体的批评对象,是文艺批评活动的关键,如失去批评对象,文艺批评将会无的放矢。文艺批评使用正确的评价方法和评价标准对指导创作者的创作,推动文艺的繁荣与发展具有重要的现实意义,是构建科学文艺评价体系的利器。对创作者及受众的作用和影响,直接关联文艺评价的终极追求,文艺批评如果没有力度或力量,不能对文艺创作及受众理解产生影响,将不能完成文艺批评的价值实现,无法检验与衡量文艺价值效果。文艺批评基于正确的批评价值观、价值取向与文艺导向,依据评价标准与原则形成批评功能作用,包括评价作品得失、引导创作者创作、确立文艺发展方向、推进文艺观念和理论更新、推动文艺传播和交流等多重功能作用。

---

① 习近平. 在中国文联十一大、中国作协十大开幕式上的讲话[N]. 人民日报,2021-12-15(2).

一、历史观:"以人民为中心"的创作导向与批评立场是文旅演艺发展的基石

习近平总书记在多次重要讲话中向文艺工作者强调文艺创作和文艺批评的立场问题。2014年10月15日,习近平总书记在北京主持召开文艺工作座谈会并发表重要讲话。他强调:"社会主义文艺,从本质上讲,就是人民的文艺。"①2016年11月30日,习近平总书记在中国文联十大、中国作协九大开幕式上的讲话中指出:"一切优秀文艺工作者的艺术生命都源于人民,一切优秀文艺创作都为了人民。"②在五年后的中国文联十一大、中国作协十大开幕式上的重要讲话中,他同样强调:"广大文艺工作者要坚持以人民为中心的创作导向,把人民放在心中最高位置,把人民满意不满意作为检验艺术的最高标准,创作更多满足人民文化需求和增强人民精神力量的优秀作品。"③从历史维度上讲,习近平总书记简明扼要地阐释了人民群众在历史创造中的重要作用,他说:"人民既是历史的创造者,也是历史的见证者,既是历史的'剧中人',也是历史的'剧作者'。"对于人民群众在历史进程中四种身份的概括与界定,拉近了文艺创作者与人民之间的距离,使得文艺创作者要扎根人民群众丰富多彩的生活实践中,满足人民群众日益增长的精神文化需求和美好生活的需要,把人民满意与否作为检验艺术作品的最高标准。

随着我国社会发展水平的不断提高以及大众旅游文化市场的深入拓展,文化旅游已成为当下社会经济必不可少的文化消费之一,大众对于旅游的

---

① 习近平.在文艺工作座谈会上的讲话[N].人民日报,2015-10-15(2).
② 习近平.在中国文联十大、中国作协九大开幕式上的讲话[J].中国文艺评论,2016(12):5-15.
③ 习近平.在中国文联十一大、中国作协十大开幕式上的讲话[J].中国文艺评论,2022(1):4-11.

目的不再局限于简单的观光旅游，而是更加重视旅游体验、文化需求和记忆认同等深层次需求。当前我国大众旅游的繁荣态势是广大人民群众在生存需求得到满足后，注重个体精神和社交关系需求得到彰显的表现，是新时代广大人民群众追求自由全面发展的一种重要选择方式和实现途径。因此，文化旅游的根本意义和核心目的在于促进人的自由全面发展，这与习近平总书记强调的"以人民为中心"的创作导向与批评立场不谋而合。大型实景文旅演艺剧《又见平遥》整部剧从外部的剧场建筑设计到内部的环境布置，再到剧情主旨和舞美设计的氛围烘托，以及沉浸式的戏剧体验形式，都向观众展现了百年平遥古城的兴衰历史和平遥人的道义精神，体现出了一种区别于现代娱乐的"怀旧感"和浪漫主义，突出了观众审美愉悦的当下性。同样在故事题材的选取上，《又见平遥》并没有以晋商的诚信为题材，而是将视角始终聚焦在"人"——镖师的仁爱精神和注重诚信等品质的解读，也塑造出了一群甘于奉献的山西大院女人，挖掘出了中国人对血脉传承和生命本性的意识反映。高质量满足人民群众美好生活需要是"以人民为中心"发展思想的最直接体现。积极回应人民群众的所思、所想、所盼，人民是否满意是评价工作成效的重要标准。广大文旅演艺创作者应当始终把人民作为文艺的表现主体和对象，书写人民生生不息的奋斗史诗，让更多的普通群众成为文艺作品的主角，展现人民的精神风貌。

二、精品观：树立经典精品意识是文旅演艺实现内涵式发展的核心要义

在 2014 年 10 月 15 日召开的文艺工作座谈会上，习近平总书记提出："精品之所以'精'，就在于其思想精深、艺术精湛、制作精良。"[①] 在党的

---

① 习近平.在文艺工作座谈会上的讲话［N］.人民日报，2015-10-15（2）.

十九大报告中,习近平总书记再次强调:"要繁荣文艺创作,坚持思想精深、艺术精湛、制作精良相统一。"①强调思想精深、艺术精湛、制作精良相统一,实际上是在中国特色社会主义进入新时代的历史条件下对"什么是优秀文艺作品、创作什么样的优秀文艺作品"所作出的创新性回答。文旅演艺剧作为集美术、音乐、舞蹈等多种元素为一体的时空综合艺术表现形式,在借助声光电乃至VR、全息影像等现代科技给观众带来视觉、听觉以及沉浸式全方位冲击的同时,在民族文化输出和文化自信方面表现显出极大的优势。优秀的文旅演艺剧应当是思想精深、艺术精湛、制作精良的文艺精品,应当做到思想性、艺术性与观赏性的有机统一。树立经典精品意识,坚持内涵式发展,着力提升文旅演艺创作的生产水平,不仅是文旅演艺发展及满足人民群众日益增长的迫切需求,也是人类文明及社会发展的根本要求与必然选择。

1. 思想精深:从思想标准层面对文旅演艺剧提出要求

与单纯的政治标准、道德伦理标准、社会历史等标准不同,思想标准更广泛地内在涵盖了政治、道德、伦理、社会、历史等方面的内容。这要求文旅演艺作品应当坚持和弘扬社会主义核心价值观,具有深刻的洞察力和思想性,更能振奋人民的思想情感、精神意志,凝聚民族力量,激发社会活力。人民群众的美好精神生活需要包含更高层次的文化、情感、审美、理想等内容,是个体生活的价值和意义所在。随着物质生活的持续改善,激发和满足人民群众对美好精神生活的需要就显得尤为重要。从整体来看,文旅演艺剧的数量虽然在逐年增加,但精品项目依旧稀缺,马太效应较为凸显,演艺作品大都缺乏文化内涵,对主旋律文化、红色文化、中华优秀传统文化题材挖掘不足,演出质量良莠不齐,与人民需求的精品文旅演艺剧存在一定的距离。

---

① 习近平.决胜全面建成小康社会 夺取新时代中国特色社会主义伟大胜利[N].人民日报,2017-10-28(1).

党的十九大报告指出："满足人民过上美好生活的新期待，必须提供丰富的精神食粮。"[①] 所以我们应大力弘扬和践行社会主义核心价值观，为公众美好精神生活提供方向指引。成功的国内文旅演艺剧应当始终坚持正确的政治方向，自觉担当起传达党和国家声音的使命，具体在文旅演艺剧中应当表现出爱国主义和集体主义精神，尤其应该加强对革命红色文化和社会主义先进文化内涵的研究，加大革命题材和社会主义先进文化的文旅演艺作品的创作力度。2022年1月20日，国务院印发的《"十四五"旅游业发展规划》中指出："到2025年，文化和旅游深度融合，建设一批富有文化底蕴的世界级旅游景区和度假区，打造一批文化特色鲜明的国家级旅游休闲城市和街区，红色旅游、乡村旅游等加快发展。"2021年6月同程旅行上发布的《红色传承·"Z世代"红色旅游消费偏好调查报告2021》显示，"Z世代"已成为红色旅游细分市场最主要的核心消费群体之一，彰显了红色基因IP的市场前景。井冈山、韶山、延安等红色旅游景区，相继以革命文化为主线的红色文旅演艺作品，深刻践行了习近平总书记关于"把红色资源利用好，把红色传统发扬好，把红色基因传承好"的指示精神。大型红色文旅演艺剧《最忆韶山冲》以创新的"诗音光影画卷"形式，激活红色文化持续生命力，也是一次用现代理念阐述红色文化的大胆尝试，是一种沉浸式的革命传统教育和红色文化体验，丰富了韶山红色文旅的内涵。整部剧以科技感、现代化、先锋性的艺术表现手法，使游客成为历史事件的"亲历者"，追寻先辈足迹，触摸历史脉搏，让历史"活"起来，更"火"起来，通过演艺为游客带来耳目一新的红色旅游体验，引发年轻一代更深层次的感触和共鸣。

2. 艺术精湛：从审美标准层面对文旅演艺剧提出要求

审美价值是衡量文旅演艺作品艺术性优劣的尺度。马克思在《1844年

---

① 习近平.决胜全面建成小康社会 夺取新时代中国特色社会主义伟大胜利[N].人民日报，2017-10-28(1).

经济学哲学手稿》中提出了"美的规律",指出人对客观对象有审美意识是动物与人在实践活动中的根本区别。具体到文旅演艺剧的生产层面,这要求文旅演艺剧应当遵循美学法则,体现出较高的艺术创造性和创新性,具有一定的审美理想和审美价值,最终达到艺术形式与艺术内容的高度和谐统一。文旅演艺剧在本质上是一种有一定时间长度和特定空间形式的舞台综合艺术。借用美国学者迈肯尼尔在旅游领域提出的"舞台真实性理论"的概念,他认为游客所接触到的文化并不是当地具有的原始文化,而是当地人加以修饰过后适应外来人接受的文化,就好比舞台剧的前台场景需要通过艺术处理加工后,再呈现给观众观赏。因此,文旅演艺剧需要把客观存在的民俗风情、地域文化、人文历史等丰富的传统文化内容通过舞台化的艺术加工处理,提炼成游客可视、可观、可感的艺术作品。作为中国首部大型山水实景演艺剧,《印象·刘三姐》则融入了大量刘三姐经典山歌和彩调剧,多以号子、民族打击乐、古筝为配乐,音色多嘹亮朴实,节奏多为散板,能够直截了当地体现当代人民无拘无束的生活状态。同样,"印象"系列的另一部大型实景文旅演艺剧《印象·大红袍》中"竹影斗茶"的舞蹈段落也体现了多种文化艺术的紧密融合,体现出浓郁的中国风特色。两位身穿汉代宽袖的男舞者在推杯换盏、高低交错的技巧性动作中以茶论道,配以群舞演员们手持 6 米长竹子的左右倾倒动作,营造竹林深处的意境感,更加突出了视觉效果和艺术感染力。2016 年 9 月 4 日的 G20 峰会文艺演出《最忆是杭州》在内容和形式两个层面上也都蕴含着中国传统的意象之美。整场演出采用了开放式的空间建构,在声光电等现代高科技技术的加持下,西湖的水利用自然反射形成了湖光交映、意蕴悠远、虚实相衬的灵动美感,亦有"玉带晴虹""平湖秋月"所蕴含的中国古典之美。另外,导演并未采取群舞、群唱等人海战术形成的视觉震撼,而是对演员进行精简,这恰好与中国传统的"留白"式审美相呼应,亦有"大音希声,大象无形"的超脱之美。不同于"文旅演出""旅游演艺"等概念,文旅演艺剧必须强调其戏剧性，即在艺术表演过程中有一定的戏剧冲突和贯穿的叙事情节，观众将关注的重点集中于戏剧本身的故事发展。因此，当下优秀的文旅演艺作品内容创意还应该包括对于"未来叙事"的探索，如"元宇宙"等广受关注的新型概念，丰富文旅演艺的多样化表达。

3.制作精良：从质量评价标准层面对文旅演艺剧提出要求

这里的质量评价包含两方面的内容：一是需要符合文旅演艺产品行业标准和制作规范。目前关于文旅演艺国家发布的标准有四项，分别是GB/T32941.1-2016《实景演出服务规范第1部分：导则》、GB/T32941.2-2016《实景演出服务规范第2部分：演出管理》、GB/T32941.3-2016《实景演出服务规范第3部分：服务质量》以及GB/T36734-2018《主题公园演艺服务规范》。二是需要满足受众的需求，提升观众的体验感，最终导向为是否能获得市场收益和社会效益。习近平总书记曾说："在发展社会主义市场经济的条件下，许多文化产品要通过市场实现价值，当然不能完全不考虑经济效益""优秀的文艺作品，最好是既能在思想上、艺术上取得成功，又能在市场上受到欢迎。"[①] 在市场环境下，一部制作水平优秀、体验感高的文旅演艺剧是与演出票房、口碑评分等量化指标相挂钩的，能够直接反映在市场经济效益上，这就要求文旅演艺剧的创作者应当在创新性发展和创造性转化层面上下足功夫，提升作品的制作水平和品质。与一般的舞台艺术相比，文旅演艺剧更加侧重营造场景和使用声光影像新技术，数字影像艺术正不断以新的形势应用到文旅演艺剧中，打破传统的时间与空间的局限，改变传统的视觉效果和观演体验，创造全新的表演奇观。但在数字技术的媒介应用中，除了要注重极具创意和新颖的媒介形式之外，更要考量技术与媒介在整个作品中的表达适用与否。体验经济时代的来临，观众对身临其境的文化体验需求逐渐增强，以大汉口长江文化为背景的漂移式多

---

① 习近平.在文艺工作座谈会上的讲话［N］.人民日报，2015-10-15（2）.

维体验剧《知音号》应运而生。整体舞台以 20 世纪初武汉民生轮船公司的"江华轮"为原型，游船上的各色复古道具体现出民国时期社会生活的每个细节，在角色类型设计上也十分专业，包含了民国时期三教九流的各类人物。创作设定的服饰文化、娱乐文化以及社交文化等历史沉淀映射出一个特殊的艺术表现空间，同时配有的全息影像在《知音号》中的应用使得作品在真实和虚幻的视像中交相呼应，嫁接出了历史与现代的关系。红色题材文旅演艺剧《重庆·1949》则在科技与主旋律中找到了平衡点，该剧采用的是世界独创的 360 度多维立体沉浸式室内旋转舞台，演艺空间与观演空间相互交错，制作方用 70 多个台阶、18 米高的吊脚楼建筑群作为核心表演区域，真实还原了重庆 20 世纪 40 年代的磁器口码头和重庆城市风貌，颠覆了传统剧场固定舞台的概念，用动态感、触摸感、真实感的舞台表现手法展现革命先烈坚贞不屈、忠诚信仰的家国情怀。

但在制作精良的前提下，文旅演艺剧也亟须考虑产业融合发展的经济效益。由于文旅演艺剧在制作上具有投资体量大、回报周期长、运维成本高的特点，据不完全统计，目前国内 80% 的文旅演艺项目都处于亏损状态，真正盈利的不到 9%，想通过文旅演艺项目增加营收，仍是极具挑战的任务。以大型全景式戏剧主题公园《只有河南·戏剧幻城》为例，该项目占地 622 亩，拥有 56 个格子，一座地坑院和 21 个剧场，可容纳一万名观众，既是演艺剧场的同时，也在朝着全景式全沉浸戏剧主题公园方向探索尝试。作为一部现象级的全新"物种"，《只有河南·戏剧幻城》尽管寄希望于"戏剧+主题公园"的新颖形式能够帮助目的地引流，增加过夜以及二次消费，但在以悲情和沉重主题为意图的剧情编排上，则与大众旅游的休闲性和娱乐性项目有所相悖，同时受到不确定疫情、极端天气的客观因素的影响，加之高昂的建设及维护运营成本，造成了企业现金回收压力增大，也加剧了企业自身的生存发展危机。因此，在制作精良的前提下，优化供需结构,提供适应市场需求的产品也是精品文旅演艺剧需要重点考虑的问题。

三、传播观:国家形象建构与传播是文旅演艺的重要命题

党的十八大以来,习近平总书记多次强调文化自信的重要性。中国文旅演艺沿着党和国家政策指明的道路,以文旅演艺促进旅游经济的发展、推进文化传播,实际上是社会主义文化大发展大繁荣的深入实践,也是中国文化自信的生动展现。尤其是以习近平总书记关于文旅与旅游融合发展的重要论述,深刻揭示了文化和旅游的内在联系,为文旅高质量融合发展指明了方向,将文旅演艺的发展提升到一个新的阶段。作为中国文化自信的展示窗口,文旅演艺剧应该讲好"中国故事",成为建构国家形象和提升中国文化国际影响力的重要表现形式之一。从1982年9月西安推出的《仿唐乐舞》肩负国家外交的使命起,再到当下的"千古情""印象""又见""只有"等系列,始终都围绕民族、国家和社会形象的建构与传播。作为展示中国优秀传统文化的重要载体,文旅演艺剧能够打造更鲜明立体的城市文化名片,在传承和弘扬社会主义核心价值观、展现中华优秀民族文化方面起到了重要作用。文化资源予以创新、拼糅、凝结的过程,是文化魅力资源向文化生产力转化的过程,也是弘扬民族文化、增强文化认同、实现文化自信的过程。

文旅演艺作品的生产,是创作者通过符号创意载体,将主观意图以特定方式组织起来注入内容创作,从而实现价值创造、价值传播、价值交付与价值增值的过程。文旅演艺剧作为一种空间化的叙事,本质上是一种媒介文本的视觉修辞,成为城市形象塑造和文化精神传播的重要表现方式。视觉修辞是"强调以视觉化的媒介文本、空间文本、事件文本为主体修辞

对象，通过对视觉文本的策略性使用，以及视觉话语的策略性建构与生产，达到劝服、对话与沟通功能"①，它带有特定的价值取向和文化主题，以此激活与建构宏大的公共议题。视觉文本的叙事方式就是借用扎根在受众记忆深处的价值取向和公共信念，不断启迪受众，实现集体认同和价值感召。在文旅演艺剧的视觉修辞结构中，空间中的视觉设计与环境往往与特定的空间使命联系在一起，即通过集体记忆的制造来完成既定的社会认同和国家认同。也就是说，文旅演艺剧作为文化符号建构的一种方式，是对国家体制、制度、意识形态、民族情感等的政治共识和心理归属。在文旅演艺的创作中，不仅要对文化符号进行创新，更应该关注符号背后的意义呈现。文旅演艺项目应该扎根于中华民族传统文化和当地的文化历史脉络，在创新外在符号编码的同时丰富内在叙事逻辑，如何更好地讲述民族故事、传播民族文化才是符号建构的意义所在。

文艺评价体系是新时代新征程上习近平总书记对文艺工作的新动员和新部署。文旅演艺创作者应当坚持"以人民为中心"的创作导向，始终把人民作为文艺的表现主体和对象，在创作实践中进一步去理解、完善和发展"人民性"文艺思想体系，创作出真正的不忘初心、不负人民的文旅演艺作品，才是对历史逻辑和艺术逻辑的尊重。优秀的文旅演艺剧应当是思想精深、艺术精湛、制作精良的文艺精品，应当做到思想性、艺术性与观赏性的有机统一。同时，作为中国文化自信的展示窗口，文旅演艺剧应该讲好"中国故事"，成为建构国家形象和提升中国文化国际影响力的重要表现形式之一。

---

① 刘涛.媒介·空间·事件：观看的"语法"与视觉修辞方法[J].南京社会科学，2017(9).

定性、定位与定向

——探寻新时代中国文旅演艺剧的高质量发展之路

武　萌　罗家成　彭　程*

[摘要] 近年来，文旅深度融合成为旅游业发展新趋向，文旅演艺面临发展新课题。目前，国内学界对这一新态势的研究相对不足，缺乏对文旅演艺属性的研究。而属性的模糊化将阻碍定位与导向的确立，使其难以真正发挥作为文旅融合发展重要载体的作用。文旅演艺剧概念的提出有助于厘清系列问题。在"以文塑旅、以旅彰文"的理念下，本文基于《2021年文旅演艺剧网络传播力报告》，结合当前政策导向，回溯文旅演艺剧的发展与研究状况，试图规约文旅演艺剧属性与概念，重新审视其定位与功能，探求其发展导向，以探寻新时代下中国文旅演艺剧的高质量发展之路。

[关键词] 文化旅游　文旅融合　文旅演艺剧

---

* 武萌，北京师范大学艺术科技融合创新中心秘书长，艺术与传媒学院讲师，博士，硕士研究生导师，研究方向：中国民族民间舞教学、传统舞蹈舞台化再创作动机研究。罗家成，北京师范大学艺术科技融合创新中心研究助理，研究方向：文化传播、文旅融合。彭程，北京师范大学艺术科技融合创新中心研究助理，研究方向：中国当代文化研究。

我国进入新发展阶段以来，高质量发展成为主题，改革创新成为根本动力。"以文塑旅、以旅彰文"文旅融合发展新业态不断形成，为顺应数字化、网络化和智能化的大趋势，满足人民深度旅游体验需求，以望实现经济、文化和社会效益的有机统一。基于以演艺为代表的文化娱乐项目日益增长的现实需要，为弘扬传统文化、民族精神，实现当地"文化"产业化的活态传承，以及"产业"文化化的可持续发展，作为"文化和旅游融合发展重要载体"，文旅演艺剧面临着"转型升级、提质增效"的重大议题。

在此背景下，基于对文化旅游和旅游演艺实践的深刻把握，北京师范大学艺术科技融合创新中心在《2021年文旅演艺剧网络传播力报告》（简称《报告》）中首次提出"文旅演艺剧"概念，并以之为文旅演艺的新形态。随着国内文旅消费呈现年轻化、国际化趋势，景区存在着拓展功能的现实必要性，而文旅演艺剧则以其强大的文化承载力与艺术表现力有望成为推动景区升级、满足游客需求、促进文旅融合的重要载体。然而，当前市面上大多数文旅演艺剧与消费者审美和体验等多元需求存在不相适应的矛盾。因此，"文旅演艺剧"的提出与研究有助于推动文旅演艺守正创新，从而为不断激发文化旅游新活力，加快构建文化和旅游融合发展新业态，满足人民生活新需要提供更多可能性。然而，对文旅演艺的研究大多是以经济效益为主，多集中于经济价值与创作表征的讨论，对其在景区中的定位和功能的探索较为浅层，对其文化和社会价值讨论相对不足。本文基于《报告》的相关研究，拟从文旅融合发展观出发，试图对文旅演艺剧进行定性、定位与定向，探寻新时代中国文旅演艺剧的高质量发展之路。

一、规约属性，明晰概念

我国文旅演艺自兴起以来，就以强大效益吸引着越来越多的景区筹办演艺项目，逐渐形成了一股演艺热潮，使得文旅演艺市场规模日益扩大，演艺模式日趋丰富。而这股演艺热潮是伴随着理念落后、条件不足和定位不明等问题一同发展的，具有相当程度的盲目性，国内文旅演艺市场也因此出现粗制滥造、内容低俗与文化失真等问题，陷入发展瓶颈。同时，随着文旅消费日趋年轻化、国际化、多元化，游客日益重视体验感和获得感，文旅演艺市场亟须进行理念创新，推动业态更新。在此背景下，"文旅演艺剧"这一概念的提出与研究对于提升文旅演艺质量、促进文旅演艺市场健康发展具有重要意义。

从历史沿革与实践经验来看，"文旅演艺剧"概念的提出有其深厚的历史与现实基础。长期以来，文旅演艺剧存在着多种叫法，如旅游演出、山水实景演出、大型山水实景歌舞、大型山水实景歌舞剧、旅游演出项目和旅游演艺等。叫法的不统一折射出了概念的不清晰和定位的不明确等诸多问题。正是对概念和定位的模糊化处理，使得文旅演艺剧缺乏明确而行之有效的发展路径，陷入发展困境。多数文旅演艺剧不能充分利用景区资源禀赋，兼之同一公司、同一导演的创作模式，呈现出内容表层化、空洞化乃至低俗化的发展态势，与景区文化方枘圆凿，日趋形式化和同质化，从而沦落为追求视觉刺激的"消费景观"，以叫座换叫好，以持久的生命力换取短暂的火热度，极易陷入亏损状态，呈现出"雷声大，雨点小"的尴尬局面，最终"既不叫座也不叫好"，被不断边缘化乃至直接停演。近年来，许多项目处于亏损状态，不少项目甚至直接停演。项目创作投入高、运营成本高、回报周期长，没有明确的概念和定位，就没有明确的高质量发展路径。盲目开办演艺项目，不但易导致回报不及预期、综合效益低下和资金资源浪费等问题，甚至会造成景区生态破坏、景区品牌形象受损乃至文旅演艺市场萎靡。

同时，《报告》指出，《印象·刘三姐》《丽江千古情》《又见平遥》《只有河南·戏剧幻城》等一批文旅演艺剧独标高格，具有巨大影响力和持久生命力。这些极具代表性的文旅演艺剧除了对多元艺术形式和技术手段的运用外，还深深根植于景区自然文化，紧跟时代观演潮流，大多呈现"剧"向化的创作趋向与特征，即以演绎故事为重要表征，通过风格化设计及表演，让自然"发声"，让历史"重现"，让风物"活化"。例如，《驼铃传奇》通过演绎西行驼队历经千难万阻重返长安的故事，再现古都西安的辉煌时刻，展现大唐文化的盛大气象，激发观众的民族自豪感。而立足于江汉朝宗风景区的《知音号》则通过空间的双主体来演艺知音文化，再现20世纪二三十年代的武汉风情，令游客在沉浸中感受大武汉文化。由此观之，具有强大生命力的文旅演艺作品，常以完整剧的艺术表现形态出现，通过多元艺术手段演绎故事，联结时代脉络与个体生命，融戏剧性、叙事性和抒情性为一体，以高效的方式实现转型升级，极具文化承载力与艺术表现力。

从概念的学理规范来看，文旅演艺剧是对旅游演艺概念的承继与新变。文旅演艺剧的前身是旅游演艺。据可查证资料，张践的《深圳文化市场掠影》（1996）是我国最早提及"旅游演艺"的文献，肯定了"旅游演艺产品"的商业与文化价值。但对于我国旅游演艺的初始阶段，学界有着多种不同的看法，普遍观点认为旅游演艺萌芽于20世纪的80年代，以《仿唐乐舞》为代表的演艺项目开启序章；学者朱立新则认为旅游演艺的雏形始于古代[①]，即以一种享乐符号出现于达官贵人的别苑内的娱乐演艺，甚至在后来的古代驿站中，娱乐演艺项目也成为吸引客人停歇的一大亮点。笔者认为，以溯源"文旅演艺剧"的历史视角来看，20世纪80年代这一时间点所萌发的旅游演艺具备当前文旅演艺剧的基本内涵及功能的雏形，因此将此阶段视为演艺项目具备"剧"向化趋势的萌发阶段。此后，于2004年横空出世的大型山水实景剧《印象·刘三姐》，开创了真山真水的创作模式，推动文旅演艺剧开掘地方自然文化禀赋，取得巨大的市场效益和良好

---

① 朱立新.中国古代的旅游演艺[J].社科纵横，2009，24(12).

的文化效益，引发实景演艺投资与创作热情，引起政府、资方和学界等多方关注。2005年有学者从逐渐丰富的国内旅游演艺《印象·刘三姐》《宋城千古情》《丽水金沙》等产品中综合探讨了我国旅游演艺产品精品化的策略①，随着大众旅游的迅速兴起，旅游演艺市场迎来了黄金发展期。2010年后，相关研讨数量快速增长，理论视角不断丰富。有学者从旅游演艺的概念内涵、种类、功能意义、相关产品开发模式、发展驱动因素等方面对旅游演艺的基础理论进行系统梳理。②也有学者探寻了旅游演艺的机制，从多维角度的内外动力入手，凸显了对地域文化、创新创意等元素的关注。③总体而言，学界对旅游演艺的定义可以归纳为以游客为主要观众来源、以地域特色为主要创作基点的具有旅游带动作用的大型歌舞表演。其多强调旅游与演出的融合以及旅游演艺所体现出的经济价值，对演出属性、舞台表现、功能与定位等旅游演艺自身文化和社会价值的研究较为欠缺，而"文旅演艺剧"概念则凸显了对文化和经济等多重因素的同等关注，更加契合了当今中国旅游业的发展趋势。

从政策导向的角度来看，文旅融合发展是大势所趋，从旅游演艺升级到文旅演艺剧是应有之义。早在2009年，原文化部和国家旅游局发布的《关于促进文化与旅游结合发展的指导意见》就明确指出"文化是旅游的灵魂，旅游是文化的重要载体"，要建立文旅部门"协作配合长效工作机制""在新形势下促进文化与旅游深度结合"。④《"十四五"文化和旅游发展规划》要求"坚持以文塑旅、以旅彰文，推动文化和旅游深度融合、创新

---

① 诸葛艺婷，崔凤军.我国旅游演出产品精品化策略探讨［J］.社会科学家，2005（5）.
② 方世敏，杨静.国内旅游演艺研究综述［J］.旅游论坛，2011，4（4）.
③ 毕剑.旅游演艺：认知、脉络及机理［J］.四川师范大学学报（社会科学版），2020，47（4）.
④ 文化部，国家旅游局.文化部 国家旅游局关于促进文化与旅游结合发展的指导意见［EB/OL］.（2009-08-31）.https://zwgk.mct.gov.cn/zfxxgkml/scgl/202012/t20201206_918160.html.

发展"。①《关于促进旅游演艺发展的指导意见》（2019）要求"推进旅游演艺转型升级、提质增效，充分发挥旅游演艺作为文化和旅游融合发展重要载体的作用"。②因此，在大方向的正确指引下，"文旅演艺剧"概念应运而生，坚持以文塑旅、以旅彰文，力求实现演艺对自然特质和人文底蕴的展现，满足观众高品质、多元化、全方位的需要。

总而观之，在"以文促旅、以旅兴文"的文化旅游新理念下，"文旅演艺剧"的提出有多重维度的合理性，笔者尝试为其提供一种较为明确的概念界定。文旅演艺剧，即以剧为表现形态，紧密立足于景区，始终面向游客，运用集歌舞剧等多元艺术于一体的表现形式，借助声光电乃至VR（虚拟现实）、AR（增强现实）、全息影像技术等现代科技打造的舞台环境，展演具有地域特色、民族风采的风土人情和历史文化，从而实现演艺内容与国家形象、大众教育和民族精神的紧密联结。文旅演艺剧不再以商业价值输出为单一目标，而是将文化价值的最大值输出作为演艺剧的核心关切，实现社会效益，赋能文化旅游的可持续发展。

二、审视定位，强化功能

随着旅游和审美的日常生活化，大众对于高质量、深层次的旅游体验需求与日俱增，"文化和旅游深度融合、创新发展"具有重要的现实意义。而随着文化旅游纵深式、创新型发展，景区面临着功能转型升级的课题，作为文旅融合发展重要载体的文旅演艺剧，其定位和功能将发生深刻转变。

文化旅游是旅游业的重要发展方向。世界旅游组织在《旅游与文化协

---

① 文化和旅游部.文化和旅游部关于印发《"十四五"文化和旅游发展规划》的通知［EB/OL］.（2021-04-29）. http://www.gov.cn/zhengce/zhengceku/2021-06/03/content_5615106.htm.

② 文化和旅游部.文化和旅游部关于促进旅游演艺发展的指导意见［EB/OL］.（2019-04-01）. http://www.gov.cn/xinwen/2019-04/01/content_5378669.htm.

同作用》的报告中指出，89%的国家旅游局表示文化旅游是其旅游政策的一部分，并预计未来五年文化旅游将进一步发展。我国拥有着丰厚的旅游资源，为文化旅游的发展提供了广阔空间。我国拥有辽阔的地域、悠久的历史和深厚的文化底蕴，形成了人文生态遗迹游、红色资源游、民族民俗游、宗教朝拜游、历史文化游、自然风光游览等文化旅游类型。同时，庞大的人口、增长的收入形成了数量可观的受众群体，2021年国内旅游总人次达32.46亿，其中，参加文化旅游的游客占全国出游人次的95%以上。此外，诸如《关于促进文化与旅游结合发展的指导意见》《"十四五"文化和旅游发展规划》等政策的出台，为文化旅游提供了坚实的政策支持。文化筑基，旅游承载，文化旅游的发展不断塑造文化和旅游融合发展新业态，有助于满足人民日益增长的美好生活需要，推动文化遗产的传承与保护，增强文化自信，彰显国家形象，是旅游业重要的发展方向。

景区作为文化内涵和旅游功能的空间载体，肩负着培育文化和旅游融合发展新业态的重要使命。当前，旅游景区多停滞于观光与食宿体验层面，资源开发不充分、不平衡，内部景点零散化分布、联动性不足、整体性欠缺，充斥着浅层化、奇观化及同质化的视觉文化，其发展现状与当前高质量、深层次的旅游需求不相适应。根据约翰·厄里的旅游凝视理论，旅游的对象正是目的地的景观。游客从景观中获得的体验感与满足感不仅是通过观赏带来的，更多的是因观赏而产生的生命体验与景观的有机联结。在旅游需求日趋全面、追求质量的今天，景区功能停滞于观光层面不足以满足游客需求，更深层次地提升体验感具有强烈的现实必要性。约翰·菲斯克称："海滩是陆地和海洋之间的一种异类，它不是其中任何一种，但有着两者的特征。"[1]实际上，旅游景区正是介于"陆地"与"海洋"之间的存在，是强势文明对景观及蕴藏其间的风物民俗与历史文化的文化构想

---

[1] 菲斯克.解读大众文化[M].杨全强，译.南京：南京大学出版社，2001：47.

和话语实践，集文明性与原生性、同质性与异质性、已知性与未知性于一体，观众得用已知理解未知，景观因而拥有实现普遍性审美体验的可能性。游客不仅能从景区中观赏新物、获取新知，也能获得共鸣、实现共情。因此，景区在理论上具有实现从可游可观到能感能知，再到共鸣共情三维一体的功能升级的可行性。这就要求景区坚持内涵式发展，充分发挥资源禀赋，用"技"促"形"载"情"，构建新型业态，实现优势叠加，满足游客需求。

文旅演艺剧作为文旅融合发展的重要载体，对景区功能升级与整体呈现具有重要作用。文旅演艺剧运用多元艺术形式和技术手段演绎自然和文化，具有强大的文化承载力和艺术表现力，再现式、再创式、再生式展示展现景观所承载的在地性文化，能充分展现景区资源禀赋，满足游客精神需求，带动产业链综合发展。

具有强大综合效益的文旅演艺剧将有助于推动景区可持续发展，推进文旅融合发展进程。但遗憾的是，目前文旅演艺剧还存在内涵挖掘浅层化、业态模式同质化、内容展现低俗化等问题，缺乏娱乐性、文化性、教育性的有机统一，产业链条短，综合效益差，无法满足游客的求知需求和审美期望，存在着结构性供需错位，这对景区功能的实现、文化旅游的发展都带来了不小的阻力。事实上，这与其定位有着莫大的关联性。长期以来，众多演艺剧在景区以非必要的附加品、点缀品的身份存在，缺乏支持与保障，自然也无法发挥应有的作用。与之相反，一些具有强大影响力的文旅演艺剧常常作为景区重要组成部分，发挥产业带动作用和品牌塑造作用。在文旅融合发展趋势下，明晰文旅演艺剧在景区体系中的定位是必要而且紧迫的。

文旅演艺剧应当发挥文旅融合发展重要载体作用，成为景区功能升级的关键一环，旅游体验由浅入深的重要节点。这实质上是将文旅演艺剧作为景区功能链条的关键环节，进而推动景区实现整体呈现、协调发展，摆脱传统模式下景观展现零散化、内涵展现浅层化等桎梏，真正实现文化旅游深度融合、创新发展，从而为游客在景区从可游可观到能感能知，再到共鸣共情提供可能性。

这就要求文旅演艺剧与景观共处于同一时空链条，即景观在文旅演艺剧中复现，文旅演艺剧与景观所蕴含的文化形成互文性联结，从而打破景观和文旅演艺剧的边界，超越传统展示的时空限制，在复现与互文中推进景区的整体展现，强化观众对景区的感知。"互文性"亦称为"文本间性"，由学者克里斯蒂娃在《词语、对话与小说》中提出，强调具体文本与其各种因素的所有复杂性联系，使得文本从封闭走向开放，从静态走向动态，容纳更多数量的隐性元素。文旅演艺剧与景观所蕴含文化的互文性联结，连接了不同时空的表达，从而具有开放的品格，深化了游客的感知，强化了游客的印象，具备更强大的生命力与作用力。游客在进行游览时对景区的感知，成为欣赏文旅演艺剧的前理解，为游客深入理解提供可能性；而文旅演艺剧中浓缩式的艺术表现会反哺游客，重新感触游历过的细节，更新其对景区的整体印象。如文旅演艺剧《长恨歌》让华清池这一景点"发声"，讲述唐明皇和杨贵妃的爱情故事，与白居易《长恨歌》的文本遥相呼应，加深了游客对华清池景观的感知，增加了景观在空间上延宕、在记忆中绵延的可能性；同时，游客游览华清池形成的感知、对唐明皇和杨贵妃爱情故事的记忆、对白居易《长恨歌》文本的印象，都为观众理解、欣赏《长恨歌》这一部演艺剧提供了前理解，使得《长恨歌》获得理解、引发共鸣更具可能性，观众因而更易进入沉浸式状态，从而获得更佳的体验感，以实现回味无穷的期望，对景区形成良好的文化印象。在《又见平遥》中，平遥古城景观在剧场中复现，其蕴含的文化经由剧得以活化，强化了平遥古城的整体形象，深化了游客对地域文化的感知和对历史文脉的体认。

在此定位之下，文旅演艺剧自然地生成深层满足游客诉求、推动景区升级的功能。文旅演艺剧的创作与展现同游客旅游动机具有相当程度的契合性,对于满足游客多元诉求具有重要意义。就旅游动机而言,观赏景观、考察文化、实现休闲、增进关系具有强大推力,而旅游地自然文化禀赋、可进入性则是拉力的主要来源。从现有的文旅演艺剧的类别来看,主要有三大创作动机:一是以历史人物为创作动机,侧重于通过讲述故事展露文化积淀,表现大国形象;二是以自然奇观为创作动机,侧重于通过特定审美风格代自然发声,表现人与自然和谐共生;三是以族群、地域、民族文化为创作动机,突出不同文化的风格特质。通过对这三大动机的再现、再创、再生,文旅演艺剧强化与景观的有机联结,以轻松、亲和的姿态,运用多样艺术形式与表演模式强化氛围感、参与感,深度、多元、生动地展现景区自然文化禀赋,从而为游客认知景区自然文化提供可进入性,满足观赏景观、考察文化、实现休闲、增进关系等需要。尤其是与景观的有机联结,使得文旅演艺剧的序幕自游客进入景区时就已开始。如2018年推出的《知音号》将景区环境空间主体与演艺剧空间主体有机统一,为游客赋予多重身份。这使得"知音号"既是景观,又是剧场,既是再现载体,又是还原通道。而在这样的空间中,游客既是观众,又是演员,既是旁观者,又是参与者。双空间主体形成了多意义空间,为游客更好地进入文旅演艺剧提供可能性。同时,演艺剧情节通过观众物理空间上的转移来推进,实现主体与意义空间的统一,达到以生理体验"唤起"心理感受的效果,使游客通过具身认知获得沉浸式体验,真正意义上做到了情景的融合、人剧合一,使得文化历史不只在眼前,更能深入内心。因而,文旅演艺剧正式表演时,在演艺的表层下不仅是对景区自然文化的统一展现和对宏观主题的统一表达,实际上还流动着观众酝酿于游览全过程的个性化体验。观赏、休闲、求知、审美等需求便在这样的个性化体验中得以实现。因此,文旅演艺剧凭借着极具体验感的特质,为满足游客观赏性、休闲性、知识性、体验性等全方位诉求提供可能性。

在此意义上,文旅演艺剧同景观共处于"观、感、知、情"的时空链条上,并以其对文旅深度融合的载体作用,成为以"技"促"形"载"情"的关键节点,推动景区整体性、深层次、多维度展现,从而实现功能升级、业态融合,打造景区独特的品牌形象,推动打造以文旅演艺剧为核心的集文化教育、艺术体验、文创设计、休闲娱乐等产业于一体的综合业态,增强辐射能力,提升综合效益。

文旅演艺剧应以其强大的功能性和表现力,与景观形成互文性联结,成为景观的活态展现者、有机联结者、内涵深化者,而非孤单呈现的技术秀;应成为旅游体验由浅入深的关键节点、由"形"入"情"的重要一环,而非追求感官刺激的附加物。其将连同景区一起打破同质化发展困局,逃离内卷式发展旋涡,发挥满足游客需求、推动景区转型乃至增强文化自信等重要功能,以实现经济、文化、社会等多元效益的协调式发展。

三、明晰导向,丰富内涵

文旅演艺剧作为文旅融合发展的代表性新形态,成为推动景区升级、满足游客需求、拓展旅游内涵的重要一环,既是出于游客的新需求,又是实现文化旅游的新路径。而新概念的确立、新定位的巩固、新功能的实现归根结底都建立于文旅演艺剧自身质量之上。

从旅游动机出发,为满足游客全方位需求,内涵式发展成为文旅演艺剧在新时代做大做强的必由之路。文旅演艺消费市场日益分众化、年轻化、多元化,单靠技术支撑的演艺剧无法满足游客的深层需要,文化失语会让技术展现空有其表。作为景区功能升级的关键一环和旅游体验由浅入深的重要节点,文旅演艺剧唯有遵循内涵式发展路径,才能充分发挥文旅融合发展重要载体作用与功能。文旅演艺剧应当以文化为内核,通过艺术创作与景观所蕴含的文化形成互文性联结,提升自身文化承载力与艺术表现力,获得持久的生命力与影响力,以实现自身乃至景区可持续发展。具体而言,文旅演艺剧的内涵式发展应当从以下几个方面入手。

第一,充分运用审美文化资源,打造特定风格,展现时代气息。《报告》指出,游客对于当代演艺剧的评论以"好看""震撼""大好山河""民族特色"等词语为主,表明大众求知需求与审美追求程度之深,更表明文旅演艺剧最先展现给游客的、最能被游客感知的是文化与美。审美文化需扎根于真实,不应以急功近利之心故意打造怪异风格的"伪民俗""伪文化""伪风情"以博取眼球,自然与文化资源的审美呈现需要的是与时代偕行,而非标新立异、伪造文化。文旅演艺剧的内涵式发展要求创作者秉持求实精神,扎根大地,深耕风俗,即便是大众耳熟能详的素材同样也能守正创新。如作为中国第一部山水实景演出的文旅演艺剧《印象·刘三姐》,一经出世便受到空前关注。《印象·刘三姐》扎根岭南地区民族融合的文化润土,并充分运用当地得天独厚的自然风光优势,采用先进的技术生动地勾画出少数民族风俗民情的时代图谱,展现当地的自然风光和人文风情,以异质性的审美风格彰显其文化与美的独特魅力。又如《又见敦煌》具有浓厚的西域风情,而《知音号》展现了民国时代的武汉风情,《只有河南·戏剧幻城》则彰显中原气派,《丽江千古情》则呈现出民族史诗的姿态,由独具特色的审美风格形成了强大的生命力与影响力。由此观之,文旅演艺剧须充分挖掘审美文化资源,打造特定风格,展现时代气息,以别致的外象展现区域或民族风貌,强化演艺剧的审美文化形态,丰富游客的审美体验。

第二,力争打造有深度、有温度、有态度且可持续发展的文化IP。文旅演艺剧要深挖在地性文化资源,通过对古代遗址、风土人情、仪式祭祀、文化特色等优秀的精神物质文化遗产再现、再创、再生地创作演艺,实现与景观的和谐统一。《又见平遥》立足于平遥古城这一文化沃土,选取"选妻""镖师洗浴""灵魂回家"等具有代表性的片段,讲述关于血脉相承的生命故事,通过将街市、镖局、南门广场等平遥古建筑纳入舞台,对鬼魂等进行艺术化表演，让古城再现，让文化发声，生动地展现平遥地区的道德传统及由此传达出的悲壮情怀，强化了人们对人文底蕴的整体感知和对平遥文化的体认，进而形成有较高价值属性的文化 IP。文旅演艺剧需坚持以景促文、以文入情，从文化内涵层面到文化产业层面都打造出独具特色的文化 IP，形成独特的品牌形象，构建演艺、旅游、文创、食宿等产业融合发展的新型业态，传递极具地域性、民族性文化特质，推动当地特色自然与文化资源的挖掘与传播，打造可持续发展生态。

第三，深度挖掘文化共同体资源，强化文化自信。文旅演艺剧要融汇具有共通性的文化思想，遵循大众审美新趋向，传承历史文化精神，发掘红色文化资源，讲好中国故事，体现时代精神，展现中国气派，让中华文明的精神通过演艺的形式根植于心，凝筑于魂，以此深度构建国家形象，增强文化自信。2021 年 6 月正式开城的《只有河南·戏剧幻城》规模宏大、独具气派，被称作是目前世界最大的戏剧部落群。在设计上，该剧将剧场整体空间分隔为 56 个表现不同主题的空间，以带领游客在空间的变换中感受历史的流变，从而具身式地触摸中原文脉，感受河南文化气象。《只有河南·戏剧幻城》充分挖掘并展现了中原文化脉络的共同体资源，在观众具身式的体验中塑造河南中原文化气象，构筑中华文化共同体形象，从而激发了文化自信的内生动力，因此被誉为"直抵中原文化、黄河文明的内核""具有超前的、引领式的艺术价值和社会价值"。《只有河南·戏剧幻城》开掘文化共同体的尝试与努力为文旅演艺剧的发展提供了更多的创作思路及表达空间。文旅演艺剧在开掘在地性文化资源的同时，更应呼唤共同体意识，探索文化母题，发掘共同体资源，探寻文明共同精神与品格，在共同体中内化文化自信。

根据以上三点内涵，结合文化旅游发展要求、《报告》相关研究及文旅演艺市场发展情况，笔者认为文旅演艺剧应当以"一态一核心"为发展新导向，实现提质增效。

"一态一核心",即以融合创新为态度,以游客与景区的互动关系为核心。融合创新须从两个维度进行:一是"融",即从文化母题着手,将历史文化与时代精神相融合,实现历史与现实的协调,如《丽江千古情》在展现丽江文化中表现了艰苦奋斗、敢于开创、追求自由等精神;二是"创",即结合当下新需求、新技术、新机遇推动中华优秀传统文化创造性转化、创新性发展,弘扬中国特色社会主义先进文化,对核心思想、优秀美德和人文精神进行再现、再创、再生式的表达,如《只有河南·戏剧幻城》以21个剧目横跨数千年的发展历史,通过人物群像展现文化的广博与深厚,表现河南文化底蕴与人文精神。以游客与景区的互动关系为核心,即从空间到精神维度由浅及深地满足游客全方位的旅游诉求。近年来不断出现的沉浸式文旅演艺剧便是对游客与日俱增的深度体验需求的回应。但其中也有许多文旅演艺剧盲目上马、粗制滥造,甚至沦为追求感官刺激的噱头。文旅演艺剧需要坚守游客为本的理念,将群众文化获得感作为重要评判标准。游客是文旅演艺剧的根本面向,"观众不仅是认可作品的证人,而且还是以各自方式完成它的执行者"[①],文旅演艺剧生命的实现要以"意向性"为出发点,以精神愉悦为落脚点。

总而言之,为顺应文旅融合发展大趋势,文旅演艺剧必须坚持内涵式发展,规避盲目的技术崇拜、形式崇拜而造成的文化失语。同时,要以"一态一核心"为发展导向,深度挖掘文化内涵,充分运用审美文化资源,打造文化IP,开掘文化共同体资源,以提高艺术水准和创作质量,从而实现文旅演艺剧"既叫好又叫座"的多样化、差异化发展,走出浅层化、同质化窠臼。文旅演艺剧的可持续发展,将推动景区功能实现可游可观、能感能知、共鸣共情多维一体发展,推动文旅融合发展,从而满足人民日益增长的精神需要,彰显地域和民族文化,并在潜移默化中构建集体记忆,

---

① 杜夫海纳.美学与哲学[M].孙非,译.北京:中国社会科学出版社,1985:54-55.

塑造国家形象，增强文化认同，提高文化自信，涵养家国情怀，推动文化旅游深层目标的实现。

结语

我国旅游业正处于转型升级的关键期，对文旅演艺剧的理论探索将为旅游资源和文化的有机整合提供一种具备可持续化发展的可能。在"一态一核心"的发展导向下，文旅演艺剧以文旅融合为抓手，充分运用景区自然文化禀赋，发挥展现景区文化、满足旅游需求、加强大众教育、保护文化遗产、增强文化自信等多重功能，展现中国特色文旅演艺剧的独特风貌，实现景区由从散点聚焦到整体呈现的转向，推动文化产业化和产业文化化，促进文化和旅游融合发展新业态的培育，推动文化旅游的发展，实现社会效益与经济效益的双丰收。因此，文旅演艺剧将成为景区景观的重要组成部分，旅游体验的关键一环，其话语地位将更为重要。

中国文旅演艺剧拥有着开放式的结构，独立而不孤立，开创而不守旧，自兴起之初就在融合之中发展完善、裂变更新。本文对文旅演艺剧的探讨，是对文旅演艺剧独立主体地位的体认，也将其纳入更为广阔的概念空间的尝试。中国文旅演艺剧如何提质增效？文旅融合如何向纵深发展？文化旅游如何实现长远目标？对于这些重要的时代命题，有待政策制定者、行业参与者、学术研究者们进一步的审慎思考与研究。本文从《报告》出发，试图为文旅演艺剧提供一种理论内涵，以期促进理论与实践的协同发展。事实上，这是一项浩大的工作，尚有待后来者深入研究，求得新时代下中国文旅演艺剧的高质量发展之路。

时代变迁中的中国文旅演艺剧特征分析

郑雨杰　杨禹琪*
通讯作者：武萌

[**摘要**] 中国精神、中华文化成为新时代以来的核心关键词，是提高国家文化软实力与影响力的根本，同时也是一个国家综合力量的象征。2018年3月，国务院机构改革方案将原文化部、国家旅游局职责整合，组建文化和旅游部，此机构改革措施在供给类型和供给方式上将"诗"与"远方"真正有机结合在一起，为文化旅游的产业集群发展提供现实依据，并提出了"文化旅游"概念，使中国文旅演艺剧与中国精神、中华文化、国家形象相关联，成为新时代中国文化的新纽带。本篇论文综观我国文旅演艺剧的发展，总结历史性成就、时代特征与变革，为推进中国文旅演艺剧的建设与发展提供独特而重要的贡献。

[**关键词**] 中国文旅演艺剧　创作动机　时代特征

---

* 郑雨杰，北京师范大学艺术与传媒学院、艺术科技融合创新中心科研助理，研究方向：传统舞蹈舞台化再创作动机研究。杨禹琪，硕士研究生，北京师范大学艺术科技融合创新中心科研助理，研究方向：电视与新媒体、文化传播。

对于文旅演艺剧的探索而言,关键在于从历史实践中分析其创作动机、形成要因,要从头绪纷繁复杂的演艺形态中探寻文旅演艺剧的总体本质。文旅演艺剧在某种意义上超越了传统歌舞剧形式,打破了艺术的边界,具有多元化、精品化和品牌化的创新型演艺特征,并逐步形成了具有中国特色的文化旅游演艺剧模式。从文旅演艺剧的历史沿革出发,对于各个阶段的演艺剧的创作背景、动机、特征等进行分析,从而探究文旅演艺剧发展的总体本质,有助于认识与推动文旅演艺剧的新发展、新创新,并进一步发挥文旅演艺剧的功能,实现文化旅游的重大战略意义。

一、文旅演艺剧的历史沿革

中国文旅演艺剧的历史沿革经过 30 年的发展逐渐从"一台戏"演变成了一个具有国家政策方针和市场经济效能双重作用的新兴产业。20 世纪 80 年代,陕西省歌舞剧院古典艺术剧团在西安推出的《仿唐乐舞》标志着国内文旅演艺已初见端倪,但它的出现主要以行政接待为主,非商业化运作,动作编排简单。在 20 世纪 90 年代中后期,文旅演艺逐步进入了一个市场化运作发展阶段,代表作品是宋城演艺公司 1997 年在宋城景区推出的大型歌舞演艺剧《宋城千古情》,这一阶段的文旅演艺特点逐渐由政府主导的行政性接待转向了市场化运营,同时主题公园和剧院的形式作品数量明显增多。进入 21 世纪后,文旅演艺进入一个快速发展的阶段,代表作品是 2004 年中国第一部山水实景演出《印象·刘三姐》的推出开启了自然山水实景、文化底蕴和旅游融合发展的新模式。

近年来,在国家政策和战略方针的不断推动与国企民营资本竞相涌入的背景下,文化产业和旅游产业的融合发展愈来愈深入,文旅演艺剧成为带动旅游业和文化演出市场共同发展的文旅产业类型。早在 2009 年 9 月,原文化部、国家旅游局发布的《关于促进文化与旅游结合发展的指导意见》

中指出,"高度重视文化与旅游的结合发展,打造文化与旅游系列活动品牌和高品质旅游演艺产品",从国家层面上为文旅演艺剧的开发和支持提出战略部署。为提升文化自信、推动文旅融合发展,2018年3月,国务院机构改革方案将原文化部、国家旅游局职责整合,组建文化和旅游部,此机构改革措施在供给类型和供给方式上将"诗"与"远方"真正有机结合在一起,为文旅演艺剧的产业集群发展提供现实依据。2018年4月,国务院办公厅发布《关于促进全域旅游发展的指导意见》(简称《意见》),这是文化和旅游部成立后国务院出台的第一个关于旅游业发展的重要文件,《意见》为文旅演艺剧的演出场所搭建了全产业联动、全要素整合、全域化产业发展的广阔平台。2019年12月,文化和旅游部印发了《关于促进旅游演艺发展的指导意见》(简称《旅游演艺意见》),《旅游演艺意见》在文旅融合背景下再次强调文旅演艺的重要作用,在文旅演艺剧的转型升级和提质增效方面给予了政策性指导方针。

2020年10月29日,党的十九届五中全会审议通过的《中共中央关于制定国民经济和社会发展第十四个五年规划和二〇三五年远景目标的建议》中指出:"推动文化和旅游融合发展,建设一批富有文化底蕴的世界级旅游景区和度假区,打造一批文化特色鲜明的国家级旅游休闲城市和街区,发展红色旅游和乡村旅游。让人们在领略自然之美中感悟文化之美,陶冶心灵之美。"由此可见,繁荣发展文化事业和文化产业,文化和旅游融合发展是我国社会主义现代化强国建设的必然要求。2020年新冠肺炎疫情对于文旅演艺剧的生存与发展造成了一定的冲击,但在国家内循环为主的战略要求和行业规律下,自然淘汰粗制滥造的作品,涌现出了新形态和高质量的作品,文旅演艺业的需求在稳中向好的趋势下逐步发展。2021年6月,文化和旅游部发布的《"十四五"文化和旅游发展规划》(简称《规划》)中阐明了"十四五"文化和旅游发展的目标之一是"坚持以文塑旅、以旅彰文,推动文化和旅游深度融合、创新发展,培育文化和旅游融合发展新业"。在此《规划》的谋篇布局下，文旅演艺剧将成为文化和旅游产业融合发展的重要领域。

二、文旅演艺剧的时代特征与代表作品

"文化旅游"战略的提出，客观体现出中国旅游发展与游客需求的现状；同时，也明确了文旅演艺剧的定位是将其作为实现文化旅游战略中的重要一员，至此文旅演艺剧具有了新的历史角色。

本篇论文从文旅演艺剧本体在历史形成中形态的发展变化与阶段性国家政策的导向两方面来划分中国文旅演艺剧的四个时代。其中，1.0 时代主要以历史文化再现为主，强调文物发掘、遗迹保护、古建修复和文化恢复；2.0 时代以旅游景区为主，强调摆脱传统封闭式体验，打造实景深度体验；3.0 时代以游客深度体验为主，强调捕捉全新内容连接消费者，并形成产业文化化、文化产业化链条；4.0 时代以 IP 文化与沉浸式为主，强调从资源特色向文化 IP 转型，赋予更深刻、更多元的沉浸式体验。对四个时代的分析，可以从整体上对文旅演艺剧的发展脉络和时代特征分析进行把握与探究。

1. 文旅演艺 1.0 时代

20 世纪 80 年代，国内旅游风潮逐渐兴起，以北京、西安等为代表的名胜古都成为大部分游客的旅游目的地。这些旅游古都不仅吸引着国内游客前来参观，同时随着我国综合国力的不断增强与国际社会的广泛认可，大批国外游客也闻声而来。但在此阶段，中国旅游业正处于艰难发展的情形，以陕西省为例，当时的旅游产品较少且形式单一，基本上以看庙、寺、观为主，以中国特有的宗教文化为核心，在一定程度上难以激发国内外游客的旅游热情，导致了游客在景区中的平均停留时间较短，无法满足不同游客深层次的文化心理需求。在国际交流和谐频繁的背景下，陕西省歌舞

剧院古典艺术剧团于1982年推出了《仿唐乐舞》。最初的《仿唐乐舞》以行政接待作为主要功能，因此其传播场域受到了一定程度的限制，但为文旅演艺提供了值得借鉴的参考方向。

《仿唐乐舞》是陕西省歌舞剧院在历史发展风潮的正确定位下，将长安古都的瑰丽风景与辉煌的历史文化作为主要的创作源泉。随着时代的不断进步，《仿唐乐舞》也在新的艺术形式和方式的融合下不断地打磨和创新，形成了独有的时代特征。

（1）对历史文化的复苏与再现。

《仿唐乐舞》在创作初期对当地文化进行了广泛采风，收集了大量的历史文化资源。在音乐方面，它借鉴了唐代时期宫廷的音乐风格与特点，并结合了民间的音乐元素进行创作，无论是在音乐创作角度还是在题材选择角度上，都达到了雅俗共赏的效果。同时，为了让观众感受到宫廷演奏的真实感，在演出时采用了现场伴奏的方式，根据现代社会的审美追求尽力地还原大唐盛世的原貌。在舞蹈方面，通过当地民间舞蹈以及唐代壁画的采风，从文物和人文资源中汲取营养，还原唐代舞蹈动作语汇、舞蹈道具、舞蹈技巧等内容，以"教场使"作为整场演出的连接，使其形成一个由多节目组成的艺术作品，是古典和现代融合的一次完美阐释。《仿唐乐舞》成功地让历史走上了舞台，不仅具有古朴、典雅的艺术风格，达到了极高的艺术水平，而且极大程度还原了中国唐代历史文化，将繁荣又瑰丽的大唐乐舞时代展示在观众面前。

（2）对旅游产业的激活与推动。

《仿唐乐舞》打破了传统的博物馆式旅游，让存在于文物和书籍中的音乐与舞蹈真正地活起来，不仅调动了游客的参观兴趣，而且扩大了游客的旅游需求。随着《仿唐乐舞》的不断推广，观众已经由外宾逐渐扩展到国内外游客，演出的规模与场次也随之扩大，在演出的过程中，不断丰富节目形式与内容的多样化，带动了西安相关的文化产业发展，激发了当地旅游产业发展的更多可能性。例如，在演出场地上，从1982年的演出以少数几家涉外宾馆为主，逐渐发展至以唐乐宫、陕西歌舞大剧院、华清宫及大唐芙蓉园为主要演出场地。《仿唐乐舞》自创作以来，与时俱进，打破原有单一的旅游模式，并且以更加个性化、地域化、多样化的创新模式向前迈进并逐渐成熟，为旅游产业的转型提供了重要的依据。

（3）对地域品牌的定位与开发。

《仿唐乐舞》在时代的洪流中已然成为一部经典之作，是一个让全世界了解中国历史文化、了解西安历史文化的重要途径与窗口，成为当地的一张历史名片。《仿唐乐舞》之所以永葆活力，不仅是对地域历史文化的准确定位，同时也符合游客的审美取向和审美价值，其独有的地域特色和个性风格使它成为不可替代的文化符号。《仿唐乐舞》的成功引发了对地域文化和华夏文明的再度探索，对在现代社会中如何建设历史文化品牌、打造当地特色旅游产业提供了前沿式的探索路径。

从《仿唐乐舞》可以看出，在文旅演艺1.0时代，对文化内涵的挖掘以及资源禀赋的利用还处在较浅的层面，演艺形式相对单一，此时的文旅演艺尚处于襁褓阶段，更多地强调文物与作品的关联性、作品衬托遗址、文化恢复等特点，文旅演艺作品通常是景区景观的附加内容，不具有统一性与完整性。但毋庸置疑的是，以《仿唐乐舞》为该时期的代表作，开启了中国文旅演艺剧的新时代，旅游与文化相得益彰，共同维持发展。

2. 文旅演艺2.0时代

自1997年开始，国家开始重视发展服务、旅游和信息产业，全国各地政府积极响应国家号召并出台了许多相关政策推动地方旅游经济发展。而随着旅游需求市场持续增长，人民对于旅游的需求不限于开发有限的自然风景区、文博院馆、动物园、植物园等传统旅游景点，对文化审美以及景点内涵的需求逐渐增加。因此，各个地方政府为推动文化旅游行业的发展而加温，国内文旅演艺行业开始不断探索可开发的民族文化、演出形式与演出场地。

广西壮族自治区政府是主要代表,其将桂林山水作为得天独厚的地域自然品牌,率领梅帅元、张艺谋、王潮歌等人共同深耕广西壮族自治区桂林山水的天然景观。历时五年,在2004年,《印象·刘三姐》作为中国第一部山水实景演出剧横空出世,该剧成功地将当地的民族文化、自然山水与旅游产业相结合,打造了一台兼具多样化、专业化、大众化的实景演出。至此,以山水实景为主要形式的文旅演艺2.0时代开启了新的高度与热潮,并形成了具有时代特征的文旅演艺形态。

(1)人文资源与自然资源的互融。

刘三姐文化是在岭南地区壮、汉等民族长期的文化润土中孕育而生的。《印象·刘三姐》对20世纪六七十年代电影版《刘三姐》进行创作性回归,让曾经流传在人们心中的歌仙形象借以实景演艺剧的形式更加生动地展现在游客面前,直接延续了中国优秀传统的刘三姐文化。同时桂林作为我国改革开放以后最早发展旅游接待的城市之一,具有得天独厚的地理优势。《印象·刘三姐》演出地点坐落在离阳朔县城不远的书童山旁,漓江与田家河的交汇处,以漓江与河岸作为舞台,以2000米长的水域和12座山峰作为背景,打造出一个视野开阔的山水实景舞台——中国漓江山水剧场。

《印象·刘三姐》创新地调动天然的地理优势,充分开发山水景色,塑造出规模宏大的山水实景舞台。[①]一方面,《印象·刘三姐》的舞台有着与园林空间类似的幽闭空间的特点,巧借漓江和田家河将舞台与自然景观巧妙地结合在一起,形成一个相对幽闭的演艺空间,周围的景物与《印象·刘三姐》的舞台互相辉映,周围的山水实景都成为《印象·刘三姐》舞台的借景对象,构成了《印象·刘三姐》舞台最重要的部分。另一方面,地理位置的选择为《印象·刘三姐》舞台的借景提供了良好的自然条件。波澜

---

① 彭建伟.论借景在《印象·刘三姐》演出舞台中的运用[J].河池学院学报,2009,29(6):82-86.

不惊的漓江水域、层峦叠嶂的 12 座山峰、广袤无际的苍天穹顶，这些周围的元素无一不组成《印象·刘三姐》舞台的优美环境与景色；再以广西刘三姐文化为依托，以桂林壮美的山水景色、独特的民族特色歌舞、朴实的民俗民风、绚丽的音乐服饰为主要表演内容，以当地居民作为主要演出团队，利用当时先进的灯光技术，充分地把最原生态的自然风光和少数民族的人文风光一并展示给观众。

（2）民族文化与旅游产业的共进。

《印象·刘三姐》充分运用了彰显地域风采的刘三姐文化与极具自然之美的桂林山水资源，向全世界展示了桂林地区的风俗人情、自然美景与民族精神，让观众在深入体验中潜移默化地了解桂林乃至整个广西地区的民族文化。

张艺谋对于《印象·刘三姐》的阐释为"向传统致敬！向自然致敬！向生命致敬！"三声致敬无疑是激发游客文化认同的重要因素，也是该剧满足当下旅游需求的核心价值。"向传统致敬"，是以刘三姐文化作为品牌导向，从中国传统文化中提取出创作元素，通过现代化的创作手段与创作理念弘扬优秀传统文化的同时，不失其艺术化表达。为了还原最真实的原生态，该剧广泛召集了当地的居民参与演出，唤醒了他们对于民族文化的认同感与自豪感，更加容易引发观众共鸣。"向自然致敬"，是将剧中的主题思想"天人合一"有机融合，把自然山水作为真实舞台，让观众在山水间博览传统文化的精深，抓住了观众回归传统的旅游需求，符合当下流行主题，使得《印象·刘三姐》成为文化内涵与视觉冲击结合的一个文旅演艺项目。"向生命致敬"，是对刘三姐文化、漓江山水风景、广西地域文化的敬畏，基于对三者的依托，成功塑造了广西的文化旅游品牌，增强了对当地地域文化的保护意识，不仅有效地提升了桂林的旅游形象，同时成为当地的文化名片。

《印象·刘三姐》在天时、地利、人和中开启了中国文旅演艺事业新的篇章,其流传下来的刘三姐歌谣在2006年入选中国国家级非物质文化遗产,延续了中国几千年文化的灿烂与辉煌。随着《印象·刘三姐》的成功,以旅游实景山水打造的"印象"系列层出不穷,它所带来的高数量人群、高经济效应,促使文化旅游的内容形式不断地多元化裂变更新,同时这也标志着中国的文旅业打开了以旅游景区为主、摆脱传统封闭式体验、打造实景深度式体验的中国文旅演艺剧的市场与舞台。自"印象"系列起,文旅演艺剧对于地域文化的探索已经在悄然中火热开展,"文化"一词的贯穿,逐渐影响到后期文旅演艺剧的发展形态。同时,文旅演艺剧的批量生产与大众的视觉疲劳等问题也随之浮出水面。

3. 文旅演艺3.0时代

2009年,原文化部和国家旅游局颁发《关于促进文化与旅游结合发展的指导意见》指出:各地要从构建社会主义和谐社会的高度,以"树形象、提品质、增效益"为目标,采取积极措施加强文化与旅游结合,切实推进社会主义文化大发展大繁荣。文旅演艺新兴市场也促发了"文旅演艺集团(公司)"激增。文旅演艺剧在创作手法和创作路径的探索中,综合游客的审美需求和文化需求进行不断升级,以展现在地性文化作为创作驱动力,实现文化和旅游的繁荣发展。在《2021年文旅演艺剧网络传播力报告》中,《丽江千古情》的网络传播力综合指数排名第二名,也反映出文旅演艺3.0时代的特征。

(1)主题公园与文旅演艺的深度融合。

《丽江千古情》首创了"主题公园+文旅演艺"的运作模式,将文化、旅游和主题公园三者结合在一起,基于丽江原有的旅游优势,对丽江地区的民族文化进行再次开发,并建造主题公园。在主题公园中除了有《丽江千古情》的表演演出,同时还包含了许多丰富的娱乐体验项目以及室外互动演出,丰富了游客在等待《丽江千古情》正式演出时的观演行程,增长了游客在景区内的滞留时间,打造成了一个规模庞大的旅游景区。

主题公园的建设除了为观众提供了《丽江千古情》演出、主题公园、主题酒店一站式服务，同时满足了游客对精神文化层面的需求，满足了异地性的基本旅游特点，"主题公园+文旅演艺"的模式脱离了走马观花式的传统旅游模式，让游客能够在不同地域中感受不一样的异域风情。《丽江千古情》文化资本运作模式的成功运作，也是吸引异地游客到来的重要因素。

（2）参与性与娱乐性的游客体验。

《丽江千古情》在剧场的设置上，利用场地的特殊布局，使观众有置身其中、身临其境之感。通过创作一个全新的创意舞台，将原有单一的舞台设计为多元化、伸出式的舞台，给观众出其不意的观演感受，丰富观演关系。在表演过程中，演员可以走近观众，加强互动，拉近台上与台下、演员与观众之间的距离。

在创作上以纳西族文化为主，在序曲中借鉴纳西族的神话故事传说《崇搬图》为背景，使用音乐、灯光、特技、讲解来营造纳西族古老而又深远的环境，让观众身临其境般感受到纳西族的神话传说、民族历史与故事。[①] 同时在演出中用洪水和纳西族的精神图腾神鸟大鹏两个形象为切入点，将纳西族的精神文明形象更加形象写实地表现出来。在《丽江千古情》的剧场里，导演团队通过先进的4D技术将纳西族历史传说中的洪水刻画出来，用科技的手段凸显出人类在大自然灾害前的渺小，用纳西族的先民与大自然形成了鲜明的对比，让观众感受到更加令人冲击的视觉、听觉感知效果。在纳西族的民族图腾演示上，用特技演员组成神鸟大鹏加入纳西族文化图腾，不仅运用现代特技组成神鸟大鹏的模样，同时辅以羽毛状演出服装，让神鸟的形象更加写实逼真与震撼。在技术与特技演员等加持下，广大游客仿佛置身于纳西族先祖的困难环境中，更加坚定地感受到了对于纳西族先民艰难开辟家园的感悟，同时感受到对如今美好生活的珍惜。

---

① 杜莉莉.纳西族创世史诗《崇搬图》在《丽江千古情》的应用研究［J］.吉林省教育学院学报，2017，33（4）：160-163.

在文旅演艺的 3.0 时代，文旅演艺公司与导演团队开始捕捉全新的传统文化内核与内容，通过运用现代技术扩充完善发展文旅演艺剧。在互联网的加持下，文旅演艺剧 IP 通过国内不同的旅游平台连接消费者，加快了特色文化与消费者的情感连接，并且开始拥有了自己的忠实受众，无形中促进了文旅演艺剧的推广。在文旅演艺的新阶段，文旅演艺剧进一步推广产业文化化，每一部文旅演艺剧不仅拥有有特色的 IP 符号，同时更加深入地代表着当地的文化特色与内核，甚至是当地特色文化的符号代表。文旅演艺剧逐渐形成了成熟的文化产业化链条：上游文化旅游公司寻求开发文化创意，中游文化旅游公司开发并开展文旅演艺剧，下游文旅演艺剧与旅游景区结合，带动景区人群流量与对应的景区周边发展，促进当地旅游经济的发展。该时期的文旅演艺剧具有不断捕捉全新内容连接消费者、文旅演艺剧趋向产业文化化、文化产业化链条成熟的特点。同时，文旅演艺剧也从"背景墙"形态逐渐向"景区文化环境"发展，形成了新的不可或缺的业态。

4. 文旅演艺 4.0 时代

2018 年 3 月 13 日，中央将原文化部和国家旅游局合并为文化和旅游部，向全社会提出"统筹文化事业、文化产业发展和旅游资源开发"，为文旅演艺剧的产业集群发展提供了现实依据。次年，文化和旅游部印发了《关于促进旅游演艺发展的指导意见》，首次规定了国内旅游演艺发展的方向，力图通过文旅演艺的转型升级将其作为文旅融合发展的重要载体。[①] IP，即人类智慧创造出来的无形财产，自 2018 年文化和旅游部提出相关政策后，文旅演艺剧 IP 发展获得了极大的突破。2019 年国务院办公厅发布《关于进一步激发文化和旅游消费潜力的意见》，提出促进基于 5G、超高清、增强现实、虚拟现实、人工智能等技术的新一代沉浸式体验型文化和旅游

---

① 文化和旅游部关于印发《关于促进旅游演艺发展的指导意见》的通知［J］.中华人民共和国国务院公报，2019（20）：66-70.

消费内容发展。观众通过文旅演艺剧的"沉浸式"艺术形式能够身临其境地感受历史，寻找更深层次的文化体验。

以2018年的《知音号》为例，《知音号》是长江首部漂移式多维体验剧，以大汉口长江文化为背景，故事取材于20世纪30年代的武汉，首次将景观空间主体与演艺剧空间主体有机统一，将空间文本与剧情文本相呼应，达到"互文性"效应，实现"沉浸式"体验。

（1）"沉浸式"深度体验。

首先，《知音号》的整体空间不仅是一整个建筑空间，同时是戏剧表演空间，还是观演空间。整个场景的布景、道具陈设以及演员服装都经过精心设计，力图还原20世纪初停在码头的客船。其次，所有登上"知音号"的乘客都被赋予了双重身份。在所有的观众登上邮轮后，观众在心态上对于戏剧的向往和期待被极大地提升，所有人以"乘客"和"观众"的双重身份参与到整个故事中的角色，迅速融入戏剧所讲述的故事中。最后，《知音号》开拓了最具有时代颠覆性的演出形式。所有观众与演员可以近距离接触与互动，甚至进行面部表情的交流，除了演员华丽的演出，乘客作为观众对剧情的推动也有重要作用，所有的观众并非坐在自己的座位上全盘接受演出的内容，观众需要移动身体来获得下一步剧情的开展，所有叙事故事由观众和乘客共同推动完成。观众根据提供的几条路线完成在不同层客舱的故事情节与表演。尽管观众与演员在互动上有限，但是不同形式的戏剧表演让观众与演员的表演达到了心灵的撼动。

（2）"多重式"体验感受。

在进入"知音号"之前，观众会穿过具有武汉老风情的码头，此时仿佛进入另一个时代，为游客创造了100年前的武汉风格视觉效果。在室外演艺空间环境的阐释上，与传统戏剧剧场不同的是，"知音号"本身就是一个场景的代名词，观众在进入演艺空间之前就被周围所营造出来的文化主题和环境而诱导。"知音号"为观众提供一种充满艺术性和戏剧性的强烈视觉体验，同时根据情节的层层递进，循序渐进地将游客带入核心的内部演艺空间。在室内演艺空间的塑造上，"知音号"在三层船舱中拥有不同场景属性的体验空间，包括舞厅、酒吧、仓房和亲水休闲平台，船上所有室内装修风格以及物品陈设都通过精心的复古设计，再利用先进的声光电技术与实际的情景演绎相融合，营造出独特的互文性联结，打造出具身式的体验效果。

《知音号》的演艺空间利用当地长江优质的自然环境和人文景观把观众带入历史中，在轮船行驶在长江上的同时，精心为游客打造的戏剧场景让游客领略百年前的武汉风情。"沉浸式"文旅演艺剧的文化嵌入式发展让其精神内核在渗透到演艺的过程中，给观众带来了文化的深入体验，赋予了观众更加深刻的、多元的"沉浸式"体验，达到了文化与演艺的深度融合，让文旅演艺剧与观众产生共鸣。

（3）"多元式"品牌营销。

《知音号》在旅游产品的衍生与旅游链条的打造中，实现了更加多元化的营销手段，它与其他文旅演艺剧所衍生出来的文旅产品不同的是，它并没有局限在文旅演艺的运营中，而是将整个链条扩展到沿江文旅的周边产业中，使得《知音号》避免陷入被动的单一运营模式中。同时，《知音号》实现了文旅演艺剧在各领域的转型，打造了"一剧多版"的模式，如互联网的"云端剧场"、青少年实验剧场的"Q版知音号"、戏剧研学项目等，以知音文化作为IP文化品牌，采用多方面、多场域、多维度的视角进行独创性尝试。最后，《知音号》把互联网作为主要的宣传主战场，不仅与传统的旅行社进行合作，还着重建设了产品的官方宣传平台，包括微信公众号、微博以及自身的官方平台，同时制定了海内外全球化宣传策略，提高了在海外的知名度，并邀请知名人士进行联动宣传。

在文旅演艺4.0时代中，"沉浸式"作为该时代的重要关键词，以满足游客的文化猎奇心态和休闲娱乐体验为主要导向。不同于文旅演艺3.0时代的是，这种全新的演出形式颠覆了传统的演出方式，不仅在舞台技术上获得了极大的提升，让当代科学技术更加合理地运用于文旅演艺剧的表现形式当中，同时更加关注文化层面的挖掘与开发，关注与游客的互动性，强调文化深层体验，极大地拉近了演员与观众之间的距离，让观众对戏剧产生新的感受，在艺术审美和思想文化层面上产生新的共鸣认知。

三、中国文旅演艺剧的思考

对中国文旅演艺剧中不同时代的特征分析，其目的在于对各时期文旅演艺剧的创作动机、形成背景、时代特征进行分析与定位，从而更加宏观整体性地对中国文旅演艺剧进行梳理，从全局观出发把握中国文旅演艺剧的本质。

从中国文旅演艺剧的发展架构来看，要与"文化旅游"的理念相统一，并对个体、社会产生积极向上、友好向善、寓教于乐的积极作用，在演艺中彰显中华优秀文化传统，以小塑大、以点构面，以知促行、以行促思，构造出能引发共鸣的审美符号，并上升至与国家民族历史的整体认知相嵌合，唤起受众对中国民族的记忆并凝聚其文化认同，以此才能称得上是符合时代特色、可持续发展的"演艺"。面对当前"沉浸式"热潮，多数人将"沉浸式"的理解和运用仅仅停留在了"秀"技术的浅层面，忽略了"文化"概念，一味地追求形式主义而忽视了内容层面上的沉浸，这势必会阻碍文化旅游的长期发展。

从"文化旅游"战略来看，"文化"是旅游的灵魂，而演艺剧则是实现文化价值的路径与渠道。因此文旅演艺剧最关键的环节在于"文化"与"创意"，一个是内在内驱力，一个是外推力；一个是实现目标，一个是实现路径。而"沉浸式"作为文旅演艺剧中的一种状态阐释，其核心在于艺术体验过程中的沉浸，而沉浸过程的实现也离不开"文化"与"创意"。沉浸中的"文化"体现在充分利用地域的资源禀赋，对地域文化不断地整理、审视、观察、提取与重组，达到对整体的风格性、全面性和穿透性的把控，以此表达中国主题，传递中国精神。同时在"文化"的外包装中，对景区设计以及环境风格进行整体设计和把控，让游客置身其中，多感官、多角度地沉浸观演，真正做到用一个剧讲一个故事，用一个故事讲一座城。

沉浸中的"创意"主要体现在两个方面：一是采用全新的技术理念，运用新媒体传播的媒体形式，展现运用数字科技设备打造的全新的、奇观化的舞美空间。二是巧妙地将演艺剧中的角色（既代表表演者，也代表参与者）与剧情（文本故事）进行有机结合，通过导演无限可能的创意使体验者在创作空间内进行主动与被动的全身心的观赏融入，调动身体与感官、思想与情绪的交流，达到具身化过程的审美体验，使景区环境空间与演艺空间在视觉文化上相统一，双主体的相互关联，从而突出主题，达到游客身临其境的"沉浸式"体验。

文旅演艺剧不只是以歌舞剧的方式达到好听、好玩的效果，也不是运用科技手段进行渲染包装达到点亮效应。文旅演艺剧应该在剧的内容入手，强调文化概念、人文关怀，更大程度调动人的主观能动性，挖掘与分享个体的情感与阅历，使观看者的情绪得到最大化的调动，在精神层面与剧中的客观现实产生强烈的共鸣与共情。游客从"感知"层面向"认知"层面过渡升华，即通过感官认识，并在此基础上进行信息复杂化加工处理，达到认识、理解事物的效果，此阶段具有主观性，由人的情感经历所决定，偏重于"知觉"层面。

作为文化旅游的重要组成部分，无论是"沉浸式"还是融合创新，文旅演艺剧都应该以"文化"为导向，以文化发声为内容，对景区所在地的历史文化和风土人情进行充分展示，满足"沉浸式"文化旅游体验，在潜移默化中塑造国家形象、增强文化自信，文旅演艺需要一种极具文化承载力与艺术表现力的形态。

结语

无论是出于发展文化和旅游融合发展新业态的政策导向，还是打破同质化、低俗化、空洞化困局的现实需要，抑或满足"消费型"社会中的人民对"沉浸式"深度文化旅游体验的精神需求，文化产业化、产业文化化都是大势所趋，充实、深厚的内容成为包括文旅演艺在内的文旅产业的核心追求。"以文塑旅、以旅彰文"，旅游演艺转型升级成文旅演艺，其表现形态一定具有强大的文化承载力与艺术表现力，而非凭借声光电技术打造光怪陆离的感官刺激的"昙花一现"。

中国文旅演艺剧在原有的"旅游演艺"的概念上，着重以"文"为主要内核，充分调动地域优秀文化，展现当地民族风格，打造可持续发展的文化 IP 品牌，彰显中华文化的自信之美。中国文旅演艺剧在转型升级的过程中，要以满足人民美好生活需求为前提，推进优秀传统文化的研究与创新，正确认识文化和旅游相得益彰的关系。从四个文旅演艺时代发展中可以看出，基于我国文化概念和旅游演艺的实践经验，文旅演艺剧在理论层面上选择以"剧"为文旅演艺的表现形态，是对其历史渊源与演艺实践的确认，是对其自身主体性、能动性和创造性的肯定，更契合了文旅融合的发展需要。同时，文化旅游战略对于文旅演艺剧的指向，更加明确了文化与创意之间的关系，要围绕景区环境的族群、地域、民族等传统文化的挖掘、继承与发展，要关注"传统与现代"的新解读、"消失与复原"的新认识、"经典与再现"的新体会，从而实现文旅演艺剧在新时代的创作性发展与创新型转型。

因此，本文通过对整个文旅演艺剧的发展沿革进行脉络分析，对不同时代的不同特征的梳理，以本体立场来探究总体的本质，站在更加宏观的视角为文旅演艺剧进行总结和归纳，对中国文旅演艺剧未来的推广和创作提供了更加有力的支撑与理论依据。

IMC 视角下文旅演艺剧网络传播研究

韩 秀 肖向荣 张一潇 陈 肯 苏世兰*

通讯作者：肖向荣

[摘要] 研究者以 2020 年 10 月 1 日至 2021 年 9 月 30 日在全国展演的 144 部文旅演艺剧作为研究对象，采用大数据挖掘与文本分析、案例分析相结合的研究方法，基于整合营销传播理论对我国文旅演艺剧的网络传播现状进行分析。我国文旅演艺剧网络整合传播存在的问题包括：非官方主体生产的旅游类视频质量有待提高；文旅演艺剧账号运营主体真实性难以辨别；文旅演艺剧运营方在品牌传播广度方面重视程度不够等。适应网络传播时代发展的传播策略有：在传播主体层面，应重视名人效应赋能文旅演艺剧网络传播；在传播受众层面，

---

* 韩秀，中华女子学院文化传播学院讲师，北京师范大学文学博士，研究方向：网络与新媒体。肖向荣，教授，博士生导师，北京师范大学艺术与传媒学院院长，研究方向：现当代舞蹈创作研究与大型文艺创意研究。张一潇，北京师范大学新闻传播学院新媒体传播研究中心研究助理，研究方向：文化传播。陈肯，北京师范大学新闻传播学院新媒体传播研究中心研究助理，研究方向：网络与新媒体。苏世兰，陕西理工大学数学与计算机科学学院讲师，北京邮电大学理学博士。（北京师范大学艺术与传媒学院武萌、杨禹琪，北京师范大学新闻传播学院张洪忠、刘会珠、戴纳、王美力、徐靖雯、王海英、韩雨池、刘海、魏广源对此文亦有贡献）

应进一步引导个人用户成为文旅演艺剧宣发的重要组成部分；在传播内容层面，应打造系列文旅演艺剧剧目，以形成联动品牌效应；在传播渠道层面，应重视文旅演艺剧在不同网络平台的传播特征差异。

［关键词］文旅演艺剧　IMC　整合营销传播　文化旅游部　整合传播

在文旅部系列政策推动指导下，文化产业和旅游产业的融合发展近年来逐渐深入。文旅演艺剧是以当地文化或民俗风情为主要题材，以旅游景点为载体，以旅客为服务对象，集歌、舞、剧为一体的艺术表演形式。其运用大量声光电等技术手段，作用于景点空间，实现物理与心理双重感官刺激下带来的审美体验。[①] 文旅演艺剧的发展在网络传播环境中也面临着新的挑战和机遇。本文以2020年10月1日至2021年9月30日在全国展演的144部文旅演艺剧作为研究对象，采用大数据挖掘与文本分析、案例分析相结合的研究方法，基于整合营销传播理论对我国文旅演艺剧的网络传播现状进行分析，以期为我国文旅演艺剧的传播策略提供参考依据。

一、问题提出与理论视角

20世纪80年代，美国广告公司协会与全国广告主协会联合资助美国西北大学，成立了以唐·舒尔茨（Don Schultz）为首的研究项目团队，整合营销传播（Integrated Marketing Communications，简称IMC）的概念被正式提出[②]。此后，学界和业界围绕IMC理论建构和实践应用展开了热烈的

---

① 2021中国文旅演艺剧网络传播力报告综述［EB/OL］.（2022-04-23）. https://mp.weixin.qq.com/s/ZTEwvSSlTyfRZ4T7WWSguw.

② JONCKHEERE J. Molecular definition and the ubiquity of species in the genus Naegleria［J］. Protist, 2004, 155(1): 89-103.

讨论和持续的研究。

在 IMC 理论研究方面，截至目前，IMC 的定义并未得到学界的共识，其内涵和外延都处在探索中（如 Kliatchko，2008[①]；Porcu 等，2017[②]）。经过多年的发展，IMC 研究者们最终倾向于采取一种战略性的、以消费者/利益相关者为中心的意义（Bruhn 和 Schnebelen，2017[③]）。

本文的研究重点是关注网络传播环境中文旅演艺剧的传播现状及传播策略，研究者采用了 Šerić、Gil-Saura 和 Ozretić-Došen[④] 提出的概念：IMC 是一种以消费者为中心的战术性和战略性业务流程，在信息和传播技术进步的助推下，基于从用户数据库获得的信息，通过不同传播媒介和平台的协调和协同来传播清晰、一致的信息，以便与客户和其他利益相关者建立长期利益关系，创造和维护品牌资产。

学者们在不同阶段对 IMC 理论建构与理论批评方面进行了综述，这类文章通常进行思辨方式的研究，并随着传播环境变化与新理论的涌现与时俱进。[⑤]

---

① KLIATCHKO J. Revisiting the IMC construct—a revised definition and four pillars [J]. International journal of advertising, 2008, 27(1): 133-160.
② PORCU L, DEL BARRIO D, KITCHEN P J. Measuring integrated marketing communication by taking a broad organisational approach: the firm-wide IMC scale [J]. European journal of marketing, 2017, 51(3): 692-718.
③ BRUHN M, SCHNEBELEN S. Integrated marketing communication—from an instrumental to a customer-centric perspective [J]. European journal of marketing, 2017, 51(3): 464-489.
④ ŠERIĆ M, GIL-SAURA I, OZRETIĆ-DOŠEN D. Insights on integrated marketing communications: implementation and impact in hotel companies [J]. International journal of contemporary hospitality management, 2015, 27(5): 958-979.
⑤ 黄迎新.理论建构与理论批评的互动：美国整合营销传播理论研究二十年综述 [J].中国地质大学学报（社会科学版），2010，10（2）: 6. TAFESSE W, KITCHEN P J. IMC—an integrative review [J]. International journal of advertising, 2016. PORCU L, DEL BARRIO-GARCIA S, KITCHEN P J. How integrated marketing communications (IMC) works? A theoretical review and an analysis of its main drivers and effects [J]. Comunicacion Y sociedad, 2012, 25(1): 313-348.

在 IMC 实践方面的文章更多则是进行实证研究，通过问卷调查[1]、半结构式访谈[2]等具体方法展开。

在研究组织层面的选择和整合方面，Vernuccio 和 Ceccotti（2015）[3]的研究指出，基于 IMC 视角，整合线上和线下的传播资源对于组织内部至关重要，如数字功能和客户关系管理之间以及组织之间的协调等。Laurie 和 Mortimer（2019）[4]的定性研究结果揭示了跨职能协调机制对于促进网络整合传播的重要性；Vernuccio 和 Ceccotti（2015）[5]关于 IMC 范式转变的定性研究结果也证明了这一点。Vernuccio 等人（2021）[6]的研究认为，成功的整合营销传播是建立在同时实现管理和组织实施方式（managerial and organizational implementation modalities）的基础上的。

在研究传播目标的选择和整合方面，Ramaswamy 和 Ozcan（2016）[7]

---

[1] PORCU L, DEL BARRIO-GARCIA S, ALCANTARA-PILAR J M, et al. Do adhocracy and market cultures facilitate firm-wide integrated marketing communication (IMC)?[J]. International journal of advertising, 2016, 36(1): 121-141.

[2] OTS M, NVILASY G. Just doing it: theorising integrated marketing communications (IMC) practices[J]. European journal of marketing, 2017(3): 490-510.

[3] VERNUCCIO M, CECCOTTI F. Strategic and organisational challenges in the integrated marketing communication paradigm shift: a holistic vision[J]. European management journal, 2015, 33(6): 438-449.

[4] LAURIE S, MORTIMER K. How to achieve true integration: the impact of integrated marketing communication on the client/agency relationship[J]. Journal of marketing management, 2019, 35(3/4)：231-252.

[5] VERNUCCIO M, CECCOTTI F. Strategic and organisational challenges in the integrated marketing communication paradigm shift: a holistic vision[J]. European management journal, 2015, 33(6): 438-449.

[6] VERNUCCIO M, CESAREO L, PASTORE A, et al. Managerial and organizational perspectives on online-offline integration within integrated marketing communication: toward a holistic conceptual framework[J]. International journal of advertising, 2021(2): 1-22.

[7] RAMASWAMY V, OZCAN K. Brand value co-creation in a digitalized world: an integrative framework and research implications[J]. International journal of research in marketing, 2016, 33(1): 93-106.

认为，应该允许并激励利益攸关方参与到一个开放的传播过程中，包括离线和在线传播。IMC 领域多位研究者基于网络传播环境的研究表明，应该从动态的"协调"角度（a dynamic "orchestration" perspective），而不是从不切实际的"控制"和"自上而下"规划的角度，向受众进行传播活动（Bruhn 和 Schnebelen，2017[①]；Wider 等，2018[②]）。Šerić（2017）[③] 研究了 IMC 如何对品牌资产产生积极影响，品牌资产和客户品牌参与度（CBE）是重要考量维度。Šerić 指出，CBE 是一种多维心理状态，意味着"消费者与品牌之间的特定互动体验"（Brodie 等，2107[④]）；与客户品牌体验不同，它预设了"个体受众的动机、品牌相关性和情境依赖性的心理状态，具体表现为在与品牌互动中展现的特定水平的认知、情感和行为活动"（Hollebeek，2011[⑤]）。

在研究传播信息的选择和整合方面，应做到以客户为中心的媒体内容一致性传播（Vollero 等，2019[⑥]）。例如，在"分享可乐"全球活动中，可口可乐通过持续整合线上和线下媒体，将消费者置于营销传播的中心，即

---

① BRUHN M, SCHNEBELEN S. Integrated marketing communication—from an instrumental to a customer-centric perspective[J]. European journal of marketing, 2017, 51(3): 464-489.

② WIDER S, VON WALLPACH, et al. Brand management: unveiling the delusion of control[J]. European management journal (EMJ), 2018, 36(3): 301-305.

③ ŠERIĆ M. Relationships between social Web, IMC and overall brand equity: an empirical examination from the cross-cultural perspective[J]. European journal of marketing, 2017, 51(3): 646-667.

④ BRODIE R J, ILIC A, JURIC B, et al. Consumer engagement in a virtual brand community: an exploratory analysis[J]. Journal of business research, 2013, 66(1): 105-114.

⑤ HOLLEBEEK L D. Demystifying customer brand engagement: exploring the loyalty nexus[J]. Journal of marketing management, 2011, 27(7/8): 785-807.

⑥ VOLLERO A, SCHULTZ D E, SIANO A. IMC in digitally-empowering contexts: the emerging role of negotiated brands[J]. International journal of advertising, 2019: 1-22.

在包装上标明客户的姓名或喜欢的歌曲（Fulgoni，2015[①]）；宝洁公司的Old Spice 活动成功地将公司和用户生成的内容以动态方式整合到不同媒体平台上，并迅速传播开来（Keller 和 Fay，2012[②]）。现有研究结果显示，整合营销传播在旅游城市形象和品牌传播方面也有积极作用。[③]

在研究传播平台的选择和整合方面，创意构思和战略规划的整合传播至关重要。在传统的管理思维中，通常仅赋予网络传播平台以执行的工具角色。而在数字革命背景下，数据驱动和开放的逻辑也成为可能（Vollero 等，2019）[④]。在社交媒体环境的 IMC 相关研究也有了新进展，Vernuccio 等人（2021）的研究批判性地回顾了 IMC 的相关学术文献，认为营销传播管理、传播组织、数字营销传播和品牌是整合营销传播的主要领域，并基于对 120 家大型跨国公司的线上线下整合情况进行了调查，阐述了基于 IMC 视角的整合研究框架。

整合营销传播理论的创始人唐·舒尔茨提出了整合营销传播的重点在于"整合"。本文在唐·舒尔茨观点的基础上，从 IMC 理论的落脚点"整合"出发，通过传播主体、传播受众、传播内容、传播渠道四个方面展开对文旅演艺剧的传播实践研究。研究者的具体研究问题为：目前我国文旅演艺剧的网络传播力整体情况如何？我国文旅演艺剧在不同网络平台上有着怎样的传播特点？基于整合营销传播理论，如何更好地提升我国文旅演艺剧的网络传播效果？

---

① FULGONI G M. How brands using social media ignite marketing and drive growth [J]. Journal of advertising research, 2015, 55(3): 232-236.

② KELLER E D, FAY B. Word-of-mouth advocacy: a new key to advertising effectiveness[J]. Journal of advertising research, 2012, 52(4): 459-464.

③ 周永博，魏向东，梁峰.基于IPA的旅游目的地意象整合营销传播：两个江南水乡古镇的案例研究［J］.旅游学刊，2013，28（9）：8. 杨昆，赵毅，陈刚，等.整合营销传播视角下的西藏旅游目的地营销分析[J].西藏民族大学学报（哲学社会科学版），2019（3）：7.

④ VOLLERO A, SCHULTZ D E, SIANO A. IMC in digitally-empowering contexts: the emerging role of negotiated brands[J]. International journal of advertising, 2019: 1-22.

二、研究方法

基于 IMC 理论,在传播渠道方面,本文关注不同传播平台的选择和整合。为全面地研究文旅演艺剧在不同性质网络平台的传播现状,本研究选择聚合新闻平台、社交媒体、短视频平台、商业旅行网站四类网络媒体,在每一类网络媒体中选取代表性网站进行研究。聚合新闻平台选择百度资讯;社交媒体平台选择新浪微博;近年来短视频平台发展迅猛,短视频平台选择了抖音、快手、哔哩哔哩三家代表性媒体进行研究;在商业旅行网站中,选取携程旅行网进行研究。研究者共选取了全国 26 个省市的 144 部文旅演艺剧作为研究对象,分析不同文旅演艺剧在不同网络平台的传播现状和特点。

本次研究所有数据采集时间为 2021 年 11 月 7 日至 11 月 19 日。各平台关键词选取以及数据抓取方式相同。以百度资讯平台网络传播力特征分析方法为例,研究者在百度资讯搜索框内进行搜索,通过输入"演艺剧名称+剧"的方式对 114 部入选的文旅演艺剧分别进行检索,统计截至 2021 年 11 月 7 日的全部相关信息 10 499 条,最后通过算法计算出文旅演艺剧在百度资讯平台的网络传播力指数。在算法方面,按照专家法构建指标体系,如表 1 所示。

表 1 各项指标权重

一级指标	二级指标	权重	
百度资讯	正面报道条数	16%	16%
抖音	点赞量	12%	20%
	发文量	8%	
快手	点赞量	8%	12%
	发文量	4%	

续表

一级指标	二级指标	权重	
微博	微博条数	8%	16%
	阅读量	8%	
携程旅行	正面评论数量	15%	20%
	评分	5%	
哔哩哔哩	点赞量	10%	16%
	发文量	6%	

根据上述指标体系，2021年中国文旅演艺剧网络传播力综合指数具体算法如下：

$$x_j = \frac{\sum_{i=1}^{6} \beta_i y_{ij}}{\max_j \left(\sum_{i=1}^{6} \beta_i y_{ij} \right)} \times 100$$

$x_j \in [0,100]$：文旅演艺剧 j 的网络传播力综合得分；

β_i：任意一级指标的权重，$i = 1,2,3,4,5,6$；

$y_{1j} = \frac{z_{1j}}{\max_j (z_{1j})} \times 100$：文旅演艺剧 j 在百度资讯上的网络传播力得分，其中 z_{1j}^k 是文旅演艺剧 j 在百度资讯上的数值；

$y_{2j} = \sum_{k=1}^{2} \alpha_{2k} \left(\frac{z_{2j}^k}{\max_j (z_{2j}^k)} \times 100 \right)$：文旅演艺剧 j 在抖音上的网络传播力得分，其中 z_{2j}^k 是文旅演艺剧 j 在抖音任意二级指标上的数值，α_{2k} 为一级指标抖音下任意二级指标的权重，$k = 1,2$；

$y_{3j} = \sum_{k=1}^{2} \alpha_{3k} \left(\frac{z_{3j}^k}{\max_j (z_{3j}^k)} \times 100 \right)$：文旅演艺剧 j 在快手上的网络传播力得分，其中 z_{3j}^k 是文旅演艺剧 j 在快手任意二级指标上的数值，α_{3k} 为一级指标快手下任意二级指标的权重，$k = 1,2$；

$$y_{4j} = \sum_{k=1}^{2} \alpha_{4k} \left(\frac{z_{4j}^k}{\max_j(z_{4j}^k)} \times 100 \right)$$：文旅演艺剧 j 在微博上的网络传播力得分，其中 z_{4j}^k 是文旅演艺剧 j 在微博任意二级指标上的数值，α_{4k} 为一级指标微博下任意二级指标的权重，$k=1,2$；

$$y_{5j} = \sum_{k=1}^{2} \alpha_{5k} \left(\frac{z_{5j}^k}{\max_j(z_{5j}^k)} \times 100 \right)$$：文旅演艺剧 j 在携程旅行上的网络传播力得分，其中 z_{5j}^k 是文旅演艺剧 j 在携程旅行任意二级指标上的数值，α_{5k} 为一级指标携程旅行下任意二级指标的权重，$k=1,2$；

$$y_{6j} = \sum_{k=1}^{2} \alpha_{6k} \left(\frac{z_{6j}^k}{\max_j(z_{6j}^k)} \times 100 \right)$$：文旅演艺剧 j 在哔哩哔哩上的网络传播力得分，其中 z_{6j}^k 是文旅演艺剧 j 在哔哩哔哩任意二级指标上的数值，α_{6k} 为一级指标哔哩哔哩下任意二级指标的权重，$k=1,2$。（注：微博和携程旅行的数值是通过抽样检测的方法，在总量中筛除了负面数据的结果）

三、我国文旅演艺剧的网络传播力总体情况

本研究汇集了 144 部国内文旅演艺剧在六个平台中 11 个指标的数据。总体来看，不同剧目在不同平台传播力差异较大，数据集中度不高。在入选的文旅演艺剧中，传播力综合指数的分布整体呈"金字塔"形，即传播力较强的剧目数量较少，传播力较弱的剧目数量较多。传播力综合得分在［51—100］区间的剧目共 20 部，而在［0—51］区间的剧目数量则达到 124 部。同时，所有剧目综合指数传播力均值为 24.20，中位数为 15.57。

从排名情况层面分析，网络传播力最高的 10 部文旅演艺剧依次是《只有爱·戏剧幻城》《丽江千古情》《只有河南·戏剧幻城》《印象·刘三姐》

《知音号》《三亚千古情》《宋城千古情》《又见敦煌》《又见平遥》《驼铃传奇》。网络传播力综合指数在[51—100]区间的剧目的具体排名情况见表2。

表2　网络传播力综合指数前20

排名	名称	地点	排名	名称	地点
1	《只有爱·戏剧幻城》	江苏	11	《梦里老家》	江西
2	《丽江千古情》	云南	12	《长恨歌》	陕西
3	《只有河南·戏剧幻城》	河南	13	《印象·大红袍》	福建
4	《印象·刘三姐》	广西	14	《沙坡头盛典》	宁夏
5	《知音号》	湖北	15	《印象·丽江》	云南
6	《三亚千古情》	海南	16	《只有峨眉山·戏剧幻城》	四川
7	《宋城千古情》	浙江	17	《归来三峡》	重庆
8	《又见敦煌》	甘肃	18	《张家界千古情》	湖南
9	《又见平遥》	山西	19	《大宋·东京梦华》	河南
10	《驼铃传奇》	陕西	20	《寻梦牡丹亭》	江西

从剧目类型层面分析，在网络传播力综合指数排名前20的剧目中，系列类文旅演艺剧占据了12席，而网络传播力居中和尾部的文旅演艺剧则大多为独立出品的作品。作为文旅演艺剧的知名导演，王潮歌共有7部作品进入综合指数排名前10，一定程度上体现出导演对于剧目宣传的提升作用，如王潮歌导演的"只有爱"系列（进入前20的有《只有爱·戏剧幻城》《只有河南·戏剧幻城》《只有峨眉山·戏剧幻城》）；"又见"系列（进入前20的有《又见敦煌》《又见平遥》）；王潮歌与张艺谋等共导的"印象"系列（进入前20的有《印象·刘三姐》《印象·大红袍》）。

从演出省份层面分析，排名前20的文旅演艺剧的演出省份较为分散，共来自16个省级行政单位。其中，云南、河南、陕西、江西各有两部文旅演艺剧跻身网络传播力综合指数前20榜单，江苏、广西、湖北、海南、浙江、甘肃、山西、福建、宁夏、四川、重庆、湖南则各有一部。

四、我国文旅演艺剧的网络整合营销传播存在的问题

文旅演艺剧的整合营销传播需要将创作、宣传、销售、演出等产业环节整合起来。研究者在揭示我国文旅演艺剧在不同网络平台传播特征的基础上，结合 IMC 理论进一步分析了我国文旅演艺剧在网络整合营销传播方面存在的问题。

（一）传播主体层面

1. 非官方主体生产的旅游类视频质量有待提高

研究者发现，短视频平台的旅游类视频可以大体分为两类，一类是旅游博主制作的旅游攻略类视频，另一类是普通游客在观看文旅演艺剧过程中拍摄的视频。前者视频质量高，制作精良，图文资料丰富，配有字幕，解说充分，播放量和互动量都较高。后者是观众旅游过程中拍摄的视频，主要内容是实景剧演出片段，大部分拍摄比较随意，视频质量粗糙，无法为其他观众提供更有效的信息，因此播放量和点赞量相对较低。

以快手平台传播力排名第三的《只有河南·戏剧幻城》文旅演艺剧为例，点赞量最高的视频是旅游博主"鹏叔玩郑州"发布的旅游攻略视频，视频中详细介绍了戏剧幻城的规模、构成、实景剧表演，获得了 2.4 万点赞。反观普通游客拍摄的视频，尽管视频数量较多，但因视频质量不佳仅能获得个位数、两位数点赞。旅游类视频整体上丰富了文旅演艺剧的传播内容，提高了相应剧目的传播力，但部分游客拍摄的视频质量堪忧，需要提高视频质量才能实现更好的传播效果。

2. 文旅演艺剧账号运营主体真实性难以辨别

百度资讯平台信息庞杂，用户筛选、比对和提取有用信息时也面临着困难。目前，百度搜索的信息检索机制仍以关键词、发布时间、内容

格式排序为主。从文旅演艺剧目在百度资讯平台的传播情况来看，在用户进行文旅演艺剧的剧目名称搜索时，较难判断词条信息、官方账号的真实性，这也导致用户对演出内容、演出时间、票价等关键信息的确认存在困难。

（二）传播受众层面

1. 微博用户的负面评价影响传播效果

在微博平台上，也有部分观众对剧情内容、服化道、环节设置等方面提出批评。部分用户对文旅演艺剧及所在景点影响当地正常生活表示不满，甚至把对主办方的负面情绪投射至文旅演艺剧作品本身。观众对大 IP 剧的关注度更高，但如果文旅演艺剧的创新演绎无法满足原有观众基础的预期，负面舆情声量也更大。在开放域社交平台微博中，文旅演艺剧运营人员可以及时监测到用户对文旅演艺剧的种种负面舆情，只有重视网络舆情反馈，耐心了解观众真实评价，有针对性地采取调整和解决措施，才能把舆论危机转化为宣传契机。

2. 大部分文旅演艺剧的差评聚焦在剧作质量、安全隐患等方面

在携程旅行平台上，用户可根据自身的观剧体验对文旅演艺剧进行评分，评分在 1—5 分之间分为五个等级，其中 1—2 分被视为差评。从评分情况来看，大部分文旅演艺剧在携程旅行平台的评分情况较为乐观。在有评分的 71 部文旅演艺剧中，97% 的文旅演艺剧评分在 4.0 以上；在总评论量高于 100 条的文旅演艺剧中，仅有《天门狐仙·新刘海砍樵》《驼铃传奇》《又见敦煌》三部文旅演艺剧的差评比例超过 10%。总体而言，评分较高的网友在评论区的留言内容聚焦在文旅演艺剧的视听感受、文化内涵、剧票性价比等方面；而给出差评的网友往往对剧作质量不满，或遭遇了买票贵、退票难等问题，一些网友在差评中指出个别文旅演艺剧存在安全隐患，应引起重视。

（三）传播内容层面

1. 文旅演艺剧运营方在品牌传播广度方面重视程度不够

携程旅行网是国内有代表性的旅行网站，一些网友也会通过在该网站搜索文旅演艺剧词条来了解剧目的相关信息。平台中的简介、评分、评论是一些网友在进行剧目选择时的重要参考信息，平台中文旅演艺剧的评分情况、评论数量情况会在一定程度上影响潜在购买者的购买决策。但目前，携程旅行平台上相当数量的文旅演艺剧信息缺失，在144部文旅演艺剧中，有69部文旅演艺剧在携程旅行网上的相关信息完全缺失，这减少了游客通过该平台了解文旅演艺剧的机会，一定程度上降低了文旅演艺剧的传播力。

2. 文旅演艺剧在百度资讯平台上的报道以文字为主，内容同质化现象较为明显

在百度资讯平台上，主要的信息来源为各媒体的新闻报道和部分个人用户上传发布的内容。以文旅演艺剧目名称为关键词搜索，往往能得到几页乃至几十页的搜索结果。与此同时，绝大部分报道仍以文字或"文字＋图片"为主要表现形式，仅有部分剧目有一定的视频内容推荐和官网接入渠道。

（四）传播渠道方面

1. 与抖音平台相比，文旅演艺剧官方对快手、哔哩哔哩等短视频平台的重视程度不足

作为权威发声渠道，官方账号对文旅演艺剧在短视频平台上的传播推广起重要作用。官方账号建设的缺失，降低了文旅演艺剧的传播力。研究者将文旅演艺剧在抖音、快手、哔哩哔哩三大平台上的传播情况进行了对比发现，在本次传播力榜单涵盖的144个文旅演艺剧目中，有85%的剧目可以在抖音平台上检索到，62%的剧目可在哔哩哔哩上检索到，而在快手平台上，仅51%的剧目可以检索到。与抖音平台相比，文旅演艺剧官方对快手和哔哩哔哩的重视程度不足，应进一步加强这两个平台的账号建设，以增强相关剧目的传播力。

2. 微博为文旅演艺剧提供话题营销传播平台，超两成的文旅演艺剧错失微博宣传阵地

微博话题标签可以吸引具有相同兴趣的用户群体，汇集传播声量，增加相关话题或事件的平台热度。从排名情况来看，微博平台传播力指数排名前三的文旅演艺剧《只有爱·戏剧幻城》《又见敦煌》《知音号》尤其重视微博平台的话题营销传播。《只有爱·戏剧幻城》主要是利用名人效应与微博平台粉丝文化的契合度进行关联营销；《又见敦煌》主要是将该剧目与敦煌本地传统文化密切联系起来，充分发挥敦煌本地特色，在交流中加深观众对剧目的了解；《知音号》官方微博重视与用户的互动，在演出纪念日等特殊节日进行宣传营销。微博平台中的良好传播效果可以提升用户的线上关注度，并有可能进一步转化为线下的实际购买观剧行为。本次研究对象为144部文旅演艺剧，其中有30部文旅演艺剧无法在微博平台上搜到相关信息，这减少了用户通过微博平台了解相关文旅演艺剧的机会，一定程度上降低了文旅演艺剧传播的影响力。

五、我国文旅演艺剧的网络整合营销传播策略分析

结合目前实践中存在的问题，研究者从 IMC 理论出发，探索适应网络传播时代发展的我国文旅演艺剧的传播策略，在理论层面上也延展了整合营销传播理论的适用范围。在传播主体层面，研究"谁来传播"，即组织层面的选择和整合；在传播受众层面，研究"向谁传播"，即传播目标的选择和整合；在传播内容层面，研究"传播什么"，即传播信息的选择和整合；

在传播渠道方面，研究"如何传播"，即传播平台的选择和整合。

（一）传播主体层面：重视名人效应，赋能文旅演艺剧网络传播

调查数据显示，名人效应在文旅演艺剧宣传中体现出较为明显的正向传播效果。在微博平台上，高转发、高点赞量的博文多由粉丝数超过百万的大V发布，作为旅游、文艺、戏剧等细分领域的意见领袖，这些博主在粉丝中具有较高的可信度和较强的影响力。此外，微博平台具有较为突出的粉丝文化特点，在当红明星艺人参与的文旅演艺剧微博和话题中，粉丝的积极参与也提升了相关文旅演艺剧的话题讨论量和阅读量，比如微博平台传播力指数排名第一的《只有爱·戏剧幻城》邀请著名歌手周深演唱主题曲，用音乐增加文旅演艺剧的知名度。此外，该剧目位于江苏的荷兰花海景区，流量艺人杨超越是荷兰花海旅游形象推广大使，凭借人气艺人强大号召力也提升了剧目的知名度。

从文旅演艺剧传播现状来看，文旅演艺剧生产、传播流程中任何一方的利益相关者都应被整合至传播主体的范畴中。Christensen等人（2009）提出，IMC理论中"一致性"的基本含义指的是从消费者/利益相关者的角度来看的一致性。也就是说，在网络传播环境中应更大程度上地"传播"，而不是把"交换"作为营销的核心概念[①]，从而实现与利益相关者共享共创价值。在IMC管理原则中，从传统的、不切实际的、受控的逻辑转向以客户/利益相关者为中心的新逻辑。由于作为主体的利益相关者各自有着相应的传播能力、传播渠道、媒介素养，文旅演艺剧的出品方和运营方等组织机构应着眼于通过现代传播技术实现利益相关者的知识转移和价值共享共创。调查数据分析结果显示，重视名人效应和个人用户进行网络传

---

① 桂世河，汤梅.整合营销传播目标的演进与发展趋势［J］.管理现代化，2019，39（1）：84-87.

播应成为文旅演艺剧整合营销传播方面的重点。

（二）传播受众层面：进一步引导个人用户成为文旅演艺剧宣发的重要组成部分

文旅演艺剧的制作主体和运营主体对受众反馈日趋重视的现状也契合了IMC中"以客户为中心"的要义（Bruhn和Schnebelen，2017[①]）。消费者不再是营销组织传播信息的被动接收者，相反，他们正在成为积极的信息搜索者和沟通创造者，换句话说，他们是文旅演艺剧品牌故事的共同讲述者。

除官方账号发布的内容外，个人用户上传的视频在文旅演艺剧宣传推广中同样起到了重要作用。演员个人、旅游播主、普通游客等发布的视频，一定程度上弥补了部分文旅演艺剧没有官方发声的缺憾，有助于提升关注度和传播力。例如，《宋城千古情》在三个短视频平台上均表现突出，榜单中排名靠前。在抖音平台上，《宋城千古情》点赞量在1万以上的视频共有17个，其中8个为演员个人账号发布的视频，占比47%，主要内容为实景剧演出的画面记录。在快手平台上，点赞量排名前10的视频里有5条是旅行博主拍摄的视频，4条为普通游客发布的旅行记录视频。其中旅行博主拍摄的视频主要为旅游攻略或旅行记录，制作精美，视频质量高，提高了《宋城千古情》的网络知名度。

（三）传播内容层面：打造系列文旅演艺剧剧目，联动形成品牌效应

"只有"系列、"千古情"系列文旅演艺剧依托所在景点的关注度，与

[①] BRUHN M, SCHNEBELEN S. Integrated marketing communication—from an instrumental to a customer-centric perspective[J]. European journal of marketing, 2017, 51(3): 464-489.

同系列文旅演艺剧联动形成品牌效应，以相同命名的方式呈现可以获得更大流量。此类文旅演艺剧凭借景区的高知名度和简单易识别的剧名，更容易在短视频平台上获得更高的讨论度。

在2021年中国文旅演艺剧抖音平台网络传播力指数前10名的剧目中，"只有"系列和"千古情"系列共5部，其中《丽江千古情》《宋城千古情》进入了前三名。在快手平台上网络传播力指数前10名的剧目中，"只有"系列和"千古情"系列共6部，其中《宋城千古情》排在第二名，《只有河南·戏剧幻城》排在第三名。在哔哩哔哩上网络传播力指数前10名的剧目中，"只有"系列和"千古情"系列共4部，其中《只有爱·戏剧幻城》《只有河南·戏剧幻城》《宋城千古情》位列前三。其他文旅演艺剧或许可在一定程度上借鉴"只有"系列、"千古情"系列的传播策略，与其他景区联动，形成品牌效应，以达到更好的传播效果。

行业内知名导演出品的剧目团队优势明显、宣传经验丰富，在演艺作品等整体传播力提升方面起到了重要作用，传播力相对较弱的文旅演艺剧目，如《千古一帝·始皇东巡》《楼兰大迁徙》等，较多依靠地方政府和民间个人发起，剧目内容和剧目演出地，如人文、地理等特色资源较为匹配，但制作和传播优势不突出。在文旅演艺剧的整合传播中，应基于开放的逻辑持续动态地整合剧目相关内容，包括出品方生产的内容、运营方生产的内容和用户生成的内容。

（四）传播渠道层面：重视文旅演艺剧在不同网络平台上的传播特征差异

在本次调查中，抖音、快手、哔哩哔哩三大短视频平台定位不同，抖音定位是"短视频社交平台"，快手为"全民生活分享平台"，哔哩哔哩则是"年轻人的潮流文化娱乐社区"。不同平台在产品属性、算法推荐等方面各有特色，也使得同一剧目在不同平台上的传播特点有较大差异。抖音平台遵循爆款逻辑，流量向头部账号倾斜，3%的头部视频占据了80%的用户播放量。文旅演艺剧的官方账号经过抖音平台认证，粉丝数量较多，视频质量较高，与演员个人、游客账号相比，能够获得更多的流量支持，在抖音平台上是重要的传播主体。快手平台遵循普惠原则，也就是以创作者为主，通过头部流量调控等方式，保证每个普通用户发布的内容都能被展示。旅游播主、普通游客在快手上发布的大量UGC（用户原创内容）视频，推动了文旅演艺剧在该平台上宣传推广。哔哩哔哩去中心化明显，采用公平的流量分配机制，对游客账号发布的内容友好。

以《丽江千古情》为例，其官方抖音账号拥有27.8万粉丝，获赞119.7万，发布作品116个，更新频率为一周固定三至四次，主要发布演出画面、演员日常视频等，重视与网友评论互动。《丽江千古情》官方快手账号仅有606个粉丝，发布作品数量54个，更新时间并不规律。《丽江千古情》在哔哩哔哩上并未注册官方账号。由此可见，文旅演艺剧运营方对快手、哔哩哔哩平台重视程度不足，究其原因，可能抖音的平台特征与用户特征更适合文旅演艺剧官方宣传，也可能受到时间成本、人力成本等现实因素的限制。快手、哔哩哔哩等平台拥有庞大的受众群体，仍是文旅演艺剧官方不可忽视的宣传阵地，建议文旅演艺剧相关宣发主体进一步加强类似头部短视频平台的账号建设与运营。

结语

当前，在文化市场方面，文旅演艺剧市场是供大于求的买方市场，既面临着院线电影、小剧场演出等文化产品的横向竞争，也面临着短视频等多种形式媒介产品的纵向竞争。在商品属性方面，同时具有艺术性与商业性的文旅演艺剧直接作用于人的精神和意志的文化服务产品。在营销传播层面，说服受众购买文旅演艺剧的难度要高于说服受众购买有形的物质消耗类商品。在传播环境层面,当前的传播环境被认为是一个线上-线下、部分不受控制和超链接(hyperconnected)的混合环境(Vernuccio 和 Ceccotti,2015[①];Winer,2009[②])。新媒体技术的革命使得文旅演艺剧的营销传播面临着线上与线下的混合传播环境,传播平台和特点的复杂性给相关从业者和研究者提出了新的挑战。

文旅演艺剧的生产者、导演、运营者等多方利益主体需要更好地识别受众需求的共性,这与电影市场的供求状况直接相关。作为营销的目标群体,能够花费时间和精力去看文旅演艺剧的受众群体有其共性,这同样需要进行网络受众分析,对目标群体需求进行深入了解。此外,文旅演艺剧生产运营主体还要有符合传播规律要求的传播策略,在文旅演艺剧生产、传播、销售、互动、传播等环节协调合作,实现各个环节资源的联动与整合优势,才能真正通过文化旅游市场实现文旅演艺剧的社会效应和经济效应。

由于文旅演艺剧也是新生的文化产品,从传播学研究视角出发,关于文旅演艺剧的整合营销传播的研究还在探索中。因此,基于 IMC 理论视角,探索适应网络传播时代发展的我国文旅演艺剧传播策略同时具有理论意义和实践意义。尽管本研究采用实证研究中的量化研究方法,揭示了不同剧目在不同类型网络平台上的传播力,并通过案例分析和文本分析的方法对文旅演艺剧目前存在的问题进行了分析,就未来可能采取的传播策略进行了探讨,但采用的研究方法在本质上是探索性和描述性的研究,因此目前的研究还无法从统计学意义上评估不同文旅演艺剧的传播力与票房销量之间的因果关系,未来的定量研究者也可以考虑基于这种方法来进一步验证因果关系。

---

① VERNUCCIO M, CECCOTTI F. Strategic and organisational challenges in the integrated marketing communication paradigm shift: a holistic vision[J]. European management journal, 2015, 33(6): 438-449.

② WINER R S. New communications approaches in marketing: issues and research directions[J]. Journal of interactive marketing, 2009, 23(2):108-117.